公共体育课程教学创新研究

李阳 著

全国百佳图书出版单位 吉林出版集团股份有限公司

图书在版编目（CIP）数据

公共体育课程教学创新研究 / 李阳著. -- 长春：吉林出版集团股份有限公司, 2024.3
ISBN 978-7-5731-4714-1

Ⅰ.①公… Ⅱ.①李… Ⅲ.①体育-课程-教学改革-研究-高等学校 Ⅳ.①G807.4

中国版本图书馆 CIP 数据核字（2024）第 059076 号

GONGGONG TIYU KECHENG JIAOXUE CHUANGXIN YANJIU

公共体育课程教学创新研究

著：李　阳
责任编辑：朱　玲
封面设计：冯冯翼
开　　本：720mm×1000mm　1/16
字　　数：160 千字
印　　张：8.75
版　　次：2024 年 3 月第 1 版
印　　次：2024 年 3 月第 1 次印刷

出　　版：吉林出版集团股份有限公司
发　　行：吉林出版集团外语教育有限公司
地　　址：长春市福祉大路 5788 号龙腾国际大厦 B 座 7 层
电　　话：总编办：0431-81629929
印　　刷：三河市金兆印刷装订有限公司

ISBN 978-7-5731-4714-1　　　定　价：53.00 元
版权所有　侵权必究　　　　举报电话：0431-81629929

前 言

现在,大学生面临着严峻的就业形势,社会对大学生的要求也越来越高,不仅要求其具有扎实的专业知识、较高的技能水平,而且还要具有不错的身体素质与心理素质。体育运动能帮助大学生锻炼自己的身体,同时还能显著提升其心理素质,使其能应对充满压力的工作。素质教育也强调应该培养综合发展的人才,因此,高校应该着眼于社会用人要求以及素质教育的要求,加强公共体育课程教学创新。

高校公共体育课程教学在过去已经取得了一定的成绩,但在成绩之外,其还存在不少问题。第一,课程教学目标认知偏差化。高校体育课程教学体系其实并没有被完全建立起来,一系列的奖励、监管措施还有待完善,这导致体育教师容易在授课过程中产生认知目标偏差化的情况,只在教学中注意实现教学的显性目标(体育基础知识与运动技能学习目标),而忽视了隐性目标(身体健康、心理健康以及社会适应目标)。这导致体育教师出现了只为教授体育技能而授课的情况,而学生也只是重视课程考核,并没有有意识地提升自己的综合素质。第二,课程设置并不健全。许多高校的公共体育课程在设置内容与开设时间上都不太合理,这导致许多学生无法明确自己在体育教学中应该努力的方向,也使体育教师很难确立科学的教学计划。第三,教学方法比较陈旧。不少教师并没有充分认识到公共体育课程教学方法创新的重要性,在体育教学中依然沿用传统的教学方法,只是一味地让学生进行机械式的学习与训练,不会对学生进行科学的引导。高校公共体育课程教学问题重重,要想解决这些问题,不仅要分析问题产生的原因,针对性提出解决的策略,也要对公共体育课程教学进行全方位的创新,从而实现教学质量的显著提升。

高校公共体育课程是每一个学生都要学习的课程,通过这部分课程的学习,学生能增强身体素质,甚至能形成终身教育理念,养成运动的好习惯。学生走向工作岗位之后,往往要面临很大的生存压力,这一压力的纾解完全可以依靠体育运动。因此,在大学期间,学生养成良好的运动习惯,对其以后的工作与生活都有很大的意义。高校公共体育课程教学应该着眼于学生现阶段以及未来的需求，总结体育教学规律，不断实现公共体育课程教学的创新。

基于高校公共体育课程教学存在的问题以及教学创新的必要性，作者在总结前人优秀研究成果以及自身丰富教学经验的基础上，对公共体育课程教学创新问题进行了探讨。本书共分为六章，第一章介绍了公共体育课程基础知识，分析了公共体育课程的特点与教学内容，明确了公共体育课程的目标，揭示了公共体育课程的意义。第二章探讨了公共体育课程资源开发问题，分析了课程资源开发的意义、原则，明确了公共体育课程资源开发的范围，总结了公共体育课程资源开发的方法与途径。第三章与第四章在构建了公共体育课程教学基本方法体系的基础上，创新了公共体育课程教学方法，以期能为体育教师提供更多的选择。第五章探讨了信息技术融入公共体育课程教学的问题，分别从基于慕课的公共体育课程教学、基于微课的公共体育课程教学、基于翻转课堂的公共体育课程教学三个方面重点展开论述。第六章构建了公共体育课程教学创新的保障体系。

本书结构清晰，内容丰富，可丰富高校公共体育课程教学研究内容，也能为体育教师的教学实践提供指导。不过，由于时间仓促以及作者水平有限，书中不少观点可能存在不当之处，恳请各位读者批评指正。

目 录

第一章　体育教学与公共体育课程的基本知识 ·················· 1
　　第一节　体育概述 ·· 1
　　第二节　体育教学概述 ···································· 5
　　第三节　公共体育课程的特点与教学内容 ···················· 11
　　第四节　公共体育课程的目标、意义与要素 ·················· 15

第二章　公共体育课程资源开发 ································ 22
　　第一节　课程资源开发的意义、原则 ························ 22
　　第二节　公共体育课程资源开发的必要性和目标 ·············· 27
　　第三节　公共体育课程资源开发的范围 ······················ 31
　　第四节　公共体育课程资源开发的方法与途径 ················ 36

第三章　公共体育课程教学基本方法 ···························· 44
　　第一节　体育教学方法概述 ································ 44
　　第二节　任务型公共体育课程教学 ·························· 50
　　第三节　体验式公共体育课程教学 ·························· 54
　　第四节　合作式公共体育课程教学 ·························· 59

第四章　公共体育课程教学的创新方法 ·························· 66
　　第一节　公共体育课程生态教学法 ·························· 66
　　第二节　公共体育课程分层教学法 ·························· 70
　　第三节　公共体育课程游戏教学法 ·························· 76
　　第四节　公共体育课程俱乐部模式教学法 ···················· 80

第五章　信息技术融入公共体育课程教学 ························ 84
　　第一节　体育信息化教学概述 ······························ 84
　　第二节　基于慕课的公共体育课程教学 ······················ 88

第三节　基于微课的公共体育课程教学 …………………………… 94
　　第四节　基于翻转课堂的公共体育课程教学 ………………………… 98
第六章　公共体育课程教学创新的保障体系 …………………………… 108
　　第一节　公共体育教师的发展 …………………………………………… 108
　　第二节　完善公共体育课程教学评价体系 …………………………… 113
　　第三节　创新公共体育课程教学管理体系 …………………………… 119
　　第四节　建设公共体育课程教学中的安全保障机制 ………………… 123
参考文献 ……………………………………………………………………… 129

第一章　体育教学与公共体育课程的基本知识

随着我国教育改革的不断深化，我国对体育教学越来越重视，这就需要高校要加强体育教育，完善公共体育课程，使体育教学不断取得新的成效，为我国"人才强国"战略的深入实施提供更多的体育专业人才。

第一节　体育概述

一、体育的含义

"体育"一词的最初产生是源于"教育"一词，最早的含义是指教育体系中的一个专门领域。现在国际上普遍用的"体育"一词，其英文是"Physical Education"，它的本义是指以身体活动为手段的教育，直译为身体的教育，简称为体育。

在我国古汉语中，并无"体育"一词。直至19世纪中叶，随着德国、瑞典体操的传入，清政府在兴办的"洋学堂"中设置了"体操课"，"体育"才以"体操课"的形式出现在我国。我国体育史界普遍认为，"体育"最早是在1902年左右，一些在日本留学的学生从日本引入的。"体育"一词刚进入中国时，这一新生事物并没有被人们很快接受，其使用也远不如"体操"一词广泛。直到1923年，北洋政府公布的《中小学课程纲要草案》才正式将"体操"一词改为"体育"，将"体操课"改为"体育课"。

长期以来学术界对"体育"一词的理解一直存在分歧，通常认为体育是人们锻炼身体、增强体质、延长生命的重要方法；它是与德育、智育、美育等相配合的整个教育的组成部分；它以竞技的形式，成为人们文化生活的内容和各国人民之间加强联系的纽带。因此，学者将体育分为广义体育和狭义体育。

广义体育是指以身体练习为基本手段，以增强体质、促进人的全面发展、丰富社会文化生活和促进精神文明为目的的一种有意识、有组织的社会活动；狭义体育是一个发展身体、增强体质、传授锻炼身体的知识、技能，培养道德和意志品质的教育过程，它是对人体进行培育和塑造的过程，是教育的重要组成部分，是培养全面发展的人的一个重要方面。

我国众多学者在界定"体育"这一概念的过程中，通过不断深入研讨，最终有了比较统一的解释：体育（广义）亦称体育运动，是人们根据社会生产和生活的需要，遵循人体生长发育和技能活动规律，以运动动作作为基本手段，为增强人民体质、提高运动技术水平、丰富文化生活而进行的一种有意识、有组织的身体运动和社会活动。体育属于社会文化教育范畴，受一定社会、政治、经济的影响与制约，也为一定社会的政治、经济服务。[1]

二、体育的类型

（一）休闲体育

休闲体育是社会体育的组成部分，指人们在闲暇时间以增进身心健康，丰富和创造生活情趣，完善自我为目的的身体锻炼活动。休闲体育对增进健康、强健体魄，预防疾病与康复，提高文化素养与精神文明建设，丰富生活内容与加强人际关系，以及促进人的社会化与个性形成等都有重要意义和作用。根据休闲体育的形成和发展，休闲体育主要有自然性、参与性、和自发性的特性。

休闲体育本身就有回归自然的特性。从古代以来，人们的户外休闲多为游山玩水、骑马打猎，将自己置身于大自然中，享受大自然的无穷魅力。如今，在城市化高速发展的社会生活中，人们更加期望回归自然的怀抱，呼吸大自然原始的气息，消除现实生活产生的压力。

休闲体育是一种实践性极强的社会活动，它需要人们的亲身参与，在活动的过程中体验和获得某种感受，或者通过自身活动的结果表达自己的观念和想法。我们相信只有自己的亲身体验才是真实的，所以休闲体育各种作用和功能的实现，正是在身体活动过程中体现出来的。

休闲体育是人们在休闲时间内进行的一种自发性的主体活动。它是为了满足个人或群体的需要，在自由支配的时间里进行体育活动，没有任何强制或非自愿的成分。在当今社会中，休闲已经成为人们生活的一部分，是每个人的生活权力，个人的自由意识完全可以在休闲体育中体现出来。

---

[1] 朱晓菱，倪伟. 体育健康与实践 [M]. 上海：上海大学出版社，2021：3.

（二）学校体育

学校体育习惯上称"体育"（狭义），又称体育教育。它是现代体育的基础，也是现代教育的重要组成部分，是全面发展人的身体，增强体质，传授体育知识、技术和技能，提高运动技术水平，培养良好意志品德的一种有目的、有计划、有组织的教育过程。它与德育、智育、美育、劳动技能教育等相配合，培养全面发展的人，从而为造就一代新人奠定好基础，为人们终身进行体育锻炼培养兴趣和习惯。

（三）社会体育

社会体育又称群众体育、大众体育，是指以健身、健美、医疗、休闲、娱乐为目的，内容丰富、形式多样、因人而异的一种群众性的健身活动。这种活动一般是自愿参加的，其组织形式有集体的也有个人的，并且特别追求自我教育、精神和情绪的放松以及锻炼效果。因此，体育锻炼是现代人提高生活质量水平必不可少的手段。

（四）竞技体育

竞技体育是指在全面发展身体，最大限度地挖掘和发挥人（个人或群体）在体力、心理、智力等方面的潜力的基础上，以攀登运动技术高峰和创造优异运动成绩为主要目的的一种运动活动过程。竞技体育是一种制度化、体系化的竞争性体育活动，具有正式的历史记载和传说。它以打败竞争对手来获取有形或无形的价值利益为目标，在正式组织起来的体育群体的成员或代表之间进行，强调通过竞赛来显示体力和智力，在对参加者的职责和位置做出明确界定的正式规则所设立的限度之内进行。

三、体育的重要功能

（一）改善身体状况

1. 体育运动能改善和增强中枢神经系统的工作能力，使人头脑清醒、思维敏捷。经常参加体育锻炼的人视觉开阔，听觉灵敏，极容易捕捉瞬息万变的各种信息。体育运动能提高中枢神经系统的转换速度、灵活性、稳定性。在运动中大脑皮层处于兴奋抑制的交替过程，这有助于提高大脑的调节功能，从而增强整个人体的工作能力。

2. 体育运动能促进人体的生长发育，增强运动能力：骨骼是人体的支架，它的生长发育不仅对人体形态有重要影响，而且对内脏器官的发育，对人的劳动能力和运动能力都有直接影响。体育运动能刺激软骨的增生，从而促进骨的生长。经常参加体育运动的青少年身高的增长比一般青少年要快。同时，经常参加体育运动，还能使骨骼变粗、骨密质增厚，骨骼抗弯、抗压、抗折的能力增强。人的任何运动都是通过肌肉工作来完成的。因此，人们经常从事体育锻炼，能使肌肉发达并富有弹性，对增强人的劳动能力和运动能力有直接作用。

3. 体育运动能改善人体心血管系统的工作能力：经常从事体育锻炼的人，心脏机能明显增强。这主要表现在：心肌增强、心壁增厚、心腔容积增大。在机能上，心脏的脉搏输出量增加，而心搏频率减少，出现"节省化"现象。肺脏功能也会因运动而提高，肺活量增大，呼吸加深，血管壁弹性增强，因此经常参加运动的人比不经常运动的人血压要低。

4. 体育运动能够有效增强人类的身体中的肌肉的力量，能够使肌肉保护人的关节，提高人的身体素质。同时，体育运动还能够有效增强人体的免疫力，能够使人类在恶劣的环境中也能适应环境，不容易生病。体育运动可以使人在酷暑天气或是极寒天气中增强适应能力，使人在经过体育锻炼后增强体魄，适应极端天气，不会因热的天气中暑，也不会因冷的天气而感冒。人们参与体育运动还可以适应快节奏的生活。

（二）体育的娱乐功能

体育运动以其独特的娱乐性满足人们娱乐的这一需要。体育的娱乐功能首先表现在参与者自身的乐趣上。人们通过亲自参加体育活动，特别是参加那些自己喜欢和擅长的项目，会得到一种非常美好的享受。比如：当我们学习、生活、工作之余，去运动场上打打球，做做操，活动活动身体，或去游泳池畅游，或星期天去野外郊游、爬山时，就会感到振奋、愉悦。当你轻松地越过跳高横杆，或一个漂亮而有力的扣球得到其他同学的欢呼和赞扬，此时你就会从心底里感到说不出的高兴和快乐。

（三）体育促进经济发展

社会经济发展的重要标志之一是劳动生产水平的提高，而人的素质对生产水平的提高有着至关重要的作用。人的素质包括身体素质、文化素质和道德素质三方面。而体育运动对于改善和提高人的素质，特别是身体素质，起到举足轻重的作用。体育运动由于对人的塑造所做的贡献，间接地促进了社会经济的发展。由于体育的健身、娱乐、消闲、竞赛的特点，数以亿万计的人们愿意亲身从事体育运动和观赏体育运动竞赛。体育产业通过提供体育用品、练习器材、场地设施等发展生产；组织竞赛出售电视转播权、广告权、发售门票、发行纪念币、体育彩票等获得收入，在国际大型竞赛活动中尚能吸引诸多的外籍观众，大大地促进了旅游事业的发展，其经济收入是十分可观的。①

第二节 体育教学概述

一、体育教学的内涵

学校体育目标的实现离不开体育教学这一基本组织形式，同时，体育教学也是学校体育的一个重要组成部分。体育教学具有目的性、计划性和组织性，将相关知识与技能传授给学生，发展学生的智力，培养学生的品德，促进学生良好个性的形成，这个教育过程与其他学科教学相似。但体育教学又有其自身的独特性。学校体育目的的实现、体育任务的完成都要通过体育教学这一重要途径。体育教学的范围很广，不仅是指学校体育，还涉及竞技体育、社会体育等领域。综上分析，可以将体育教学定义为：在学校教育中，学生在教师的指导下，积极主动地学习和掌握体育基本知识、技能和方法，提高身心健康水平，增强身体活动能力，强化对自然环境和社会环境的适应能力，形成良好的思想品德和个性的过程。

二、体育教学的特点

(一) 体育教学的系统性特点

体育教学的对象是学生，体育教学效果要在学生身上体现出来。学生具有很强的可塑性。体育教学的每一个构思和步骤，都将直接影响学生身心成长。一个好的教学效果在学生身上的体现，不仅是外在肌肉的力量和肌肉线条的流畅、骨骼的完善发育、内脏器官的健康，也包括整体的匀称协调发展，并且是按照生长发育的先后有序而全面地发展。体育教学内外合一的健身系统性，体现了身体发育的有序性和全面性。

---

① 张自治. 大学体育与健康教程 [M]. 西安：陕西人民出版社，2021：6-9.

（二）以身体活动为基础且教学组织多样化

在文化课教学中，学生主要通过思维活动对教学内容加以掌握，而体育课教学与文化课教学的不同在于，学生除了要动脑外，还要亲身参与活动，即除了参与思维活动外，还要进行身体活动。在身体活动中，学生通过肌肉感觉，向中枢系统传递信息，经过大脑的分析与综合，从而在理性上认识体育技术和技能。学生如果缺少必要的身体活动，是无法对体育教学内容加以掌握的，尤其不可能掌握技术技能类教学内容。

大学生在体育活动过程中，身体反复受各种条件刺激，从而建立起条件反射，对体育技术加以掌握。在这个过程中，学生不但能够学习体育技术，而且能够锻炼身体，增强体质，提高健康水平。在高校体育教学中，大学生不可避免地要做一些身体活动，这有利于其身体、心理的发育和成长，有利于其保持充沛的精力。

体育教学以集体教学为主，但因为学生性别、性格、身体素质、活动能力等方面的差异，再加上体育教学容易受客观环境的影响，所以组织形式必须多样，从而满足不同学生的需求，适应不同学生的特点，进而提高教学效果。在体育教学中，体育教师要善于运用社会学、教育学、生理学、心理学等多学科知识来对体育课进行精心的组织，从而使体育教学过程与教学规律的要求相符。

（三）体育教学的环境开放性强

教学环境是指开展体育教学活动所需要的硬件和软件条件的总和。在体育教学中，良好的体育教学环境在其中具有非常重要的影响，体育教学如果缺少良好的体育教学环境，那么整个体育教学质量就会受到较大的影响，甚至会对体育教学的顺利开展产生非常严重的影响。目前，我国体育教学多以体育实践课为主，体育教学实践活动多在室外进行，体育教师组织的大多数体育课主要在学校操场进行。与其他学科主要是在封闭的教室、实验室等地方开展教学活动不同，体育教学的教学空间富有变化性，环境更加开放。体育教学环境的开放性决定了体育教学具有不同于室内教学的特殊要求。教师在室外开展教学活动应注意以下几点。（1）由于体育课多在操场进行，受到的干扰因素较多，如天气、地形、周边设施与噪声等，体育教学的组织管理工作会比较复杂，需要教师精心设计与统筹安排体育教学的组织形式、教学步骤与方法。（2）室外的体育教学是动态的。学生大部分时间处在不断变化与形式多样的运动中，而且班级内学生较多，因此教师可采取分组教学的形式。（3）在体育教学中，考虑到一些学校的体育基础设施条件较差，体育教师应进一步提升对学生安全教育的重视程度。

（四）体育教学的时代性特点

体育教学内容符合我国经济发展的高速发展的需要。随着经济的发展，消费者的消费结构也发生了巨大变化，这让很多昂贵的运动项目有了走进校园的可能。学校有了经济条件开设高消费的体育运动项目，学生也有经济能力来承担高消费的体育运动。学生有能力承担高昂的场地费、器材费、装备费用。随着经济实力的增强，学生不再满足于简单的跑步、篮球、足球、武术等传统的体育运动，很多学生紧跟时代的潮流，更愿意参与高尔夫、网球、定向越野运动等体育运动。学生对这些体育运动的喜爱又促进了体育相关产业的发展。

（五）人际关系具有多边性特点

体育教学过程是教师与学生、学生与学生进行互动的过程，这种互动过程在人际交往中占据重要位置。现代体育教学的组织形式主要在单人、双人、小群体以及全班之间不断转换，要求学生在不同的时空内完成不同的身体运动，不断地变换角色地位，彼此之间建立多种不同的联系。因此，在体育教学中，师生之间、学生之间、小群体之间具有频繁且形式多样的人际交往关系。针对体育教学过程中人际关系的多边性特点，体育教师可以运用多种方式与学生交流与沟通，并引导学生相互之间进行配合、鼓励与评判，教会学生在体育课堂中初步体会社会交往，培养学生的合作意识，增强其人际交往能力。

（六）身体活动的常态性特点

在体育教学中，学生需要不断重复学习体育运动技能，这也决定了学生在体育教学活动中要经常进行身体活动，即体育教学具有身体活动的常态性特点。体育课堂教学过程中，教师与学生的身体操练非常频繁，这种近乎常态化的特点已成为体育教学非常显著的特点。

一般性（主要是指文化类学科）的教学，多在教室（实验室、多功能厅）进行，且要保持相对安静，这样才能激发学生的思维并产生较好的学习效果。而和这些学科相比，体育教学却刚好相反，其教学地点多为户外或专用运动场馆，普遍较为宽阔，而且在大多数时间的运动技术练习环节并不需要刻意保持安静，使学生之间、学生与教师之间都可以随时进行相关交流和沟通，如此才更有利于学生对运动技术的学习。

体育教学要求学生应掌握基本的运动技能。体育教学过程中充满了对身体活动的要求是体育教学与其他学科教学的最大不同之处。因此，在体育教学中，所有内容都涉及身体活动，或者是为即将到来的身体活动做好准备。体育教学不仅需要学生进行一定的运动，还需要教师在做示范、做指导和参与组队教学赛中也需要付出不少体力。可见，体育教学身体活动常态性的特点不仅针对学生，同时也针对教师。

三、体育教学的基本教学原则

（一）日积月累，提高学生的身体素质

该原则是指在体育教学中，教师要经常性地通过适量的技能练习、各种游戏和比赛，使学生的各项身体素质得到全面发展和不断提高。贯彻该原则的要求：第一，体育教师要根据学生的身体发展状况来安排身体活动量；第二，体育教师要根据体育教学目标来安排身体活动量。

（二）因材施教，使学生体验运动乐趣

该原则是指在体育教学中，教师应根据学生个性的不同、身体素质的差异和他们对体育课认知水平的不同，让他们在掌握运动技能和进行身体锻炼的同时，体验运动的乐趣，促使学生喜爱运动并养成参加运动的习惯。这一原则是依据游戏的特性和体育教学中运动情感变化的规律提出的。体育运动充满了乐趣，乐趣是体育的特质。人们对一个运动项目从不会到熟练掌握，会有成功和乐趣感；有的项目本身就妙趣横生，使人乐此不疲；运动中同伴之间的巧妙配合也能产生许多意想不到的乐趣；有的项目在锻炼过程中虽然充满了劳累、痛苦，但锻炼结束后，会使人感到一种舒畅的满足感，这都是体育运动充满乐趣的表现。体验运动乐趣是人们从事身体运动和体育比赛的重要目的，也是体育教学的目的之一，因此，体育教师要想方设法满足学生对运动乐趣的追求。贯彻该原则的要求：第一，体育教师要对运动乐趣问题要正确理解和对待；第二，体育教师要善于从"学习策略"的角度对运动乐趣加以理解；第三，体育教师要处理好掌握运动技能与体验运动乐趣的关系；第四，体育教师要对有利于学生体验运动乐趣的教学方法进行开发与运用；第五，体育教师要为学生获得成功的运动体验创造条件。

（三）言行规范，提高学生的集体意识

该原则是指在体育教学中，体育教师要发挥运动集体的作用，将自己融入集体，规范自己的言行，找准自己的位置，既要做好自己的工作，又要使学生互相协助，为了集体的目标而共同努力，从而不断提升学生的集体意识。体育教学主要在室外进行，受场地器材和活动范围的影响，体育的学习形式也经常以小组的形式来组织，这使得体育学习方式与集体形成存在内在的关联。因此，体育教师应在教学中注重培养学生正确的集体意识和良好的集体行为，使学生学会帮助他人、关心他人，学会参与集体活动，为学生未来走向社会打下良好基础。

四、体育教学的功能

（一）体育教学的健身功能

在体育教学中，学生必然要通过身体练习来参与体育学习，这就要求学生在练习中需要承受一定的运动负荷，这种负荷会在不同程度上刺激与影响学生的机体。练习内容、练习持续与间歇时间、练习量、学生的体质等因素会影响运动负荷对学生身体产生刺激的程度。例如，在田径运动教学中，学生进行短跑练习能够使自身的肌肉素质提高，参与长跑能够使自身的心肺功能增强。然而，在练习中，学生需要掌握一定的度，也就是需要合理安排负荷量，如果进行超负荷的身体练习，不仅不会达到健身的效果，反而会对机体造成损害。

健身功能的发挥也与学生的体质具有一定的关系。如果学生的体质较好，教师就可以安排其参与较大运动强度的练习；如果学生的体质较差，但仍安排与体质好的学生同样强度的练习，就会损害其身体健康。因此，体育教师要充分发挥体育教学的健身功能，还需要遵循体育教学的基本规律，这样才能使学生达到良好的健身效果。

（二）体育教学的健心功能

体育教学不仅有利于学生的身体健康，还有利于学生的心理健康，这主要体现在以下几方面。

1. 使学生保持良好心情

在体育锻炼的过程中，学生全身肌肉基本处于放松状态，其精神也随着身体的放松而不断放松。因此，体育运动锻炼不仅能够使学生缓解精神压力而获得有效的休息，而且能够使其维持良好的情绪与心情。

2. 使学生缓解紧张情绪

学生在日常学习中会承受不同程度的压力，各种各样的压力使其精神总是处于低落与紧张的状态。学生可以在课余时间选择自己喜欢的环境进行体育运动锻炼，这样有利于获得轻松愉快的心情。通过参加校园体育运动，学生自身的紧张情绪可以得到调节，从而产生愉快的感觉，使自身神经系统保持兴奋的健康状态，轻松地投入学习中。①

（三）培养学生的竞争意识

人类生活与竞技比赛有高度的相似性，因为人类与自然、社会、竞争对手等相关对象之间存在竞争关系，只有在不断的竞争中，人类才能更好地超越自己，完善自己，过上理想的生活。创造有利的条件来不断充实自我是竞争参与者必须重视的问题。在运动场上，参与者可以养成良好的品质和行为习惯，依据迁移原则，这些积极的变化会有效地作用于参与者的日常行为，并产生被社会高度认可与接受的因素。运动场上有输有赢，社会生活的其他方面同样如此，胜者当然光荣，受人拥戴，但败者也不可耻，也需要人的认可与尊重。不仅是运动员，包括大学生在内的所有群体都应该养成胜不骄、败不馁、顽强拼搏、勇于进取的良好品质。竞技运动是高校体育教学的重要内容之一，通过相关内容的传授，可以教育大学生不断超越自我、完善自我，树立良好的竞争意识，其教育意义远比让大学生在竞技比赛中夺冠重要。

（四）发展学生的适应能力

现代社会中的竞争越来越激烈，人们的生活压力越来越大，适者生存的观念已经深入人心，因此大学生必须具备良好的社会适应能力，进而才能更好地立足于社会。社会适应能力是一个广泛的概念，对不同的人有不同的侧重，但大学生只有具备全面的个人适应能力，才能保证自己更好地适应社会环境的变化，这里的全面具体指身体、心理、情感、道德等方面，缺一不可。体育教学在对培养个体适应能力方面具有重要的作用。体育教学贯彻"以人为本"的理念，对学生的兴趣爱好充分予以尊重，这样的教育活动有利于培养学生的适应能力。

（五）体育教学的健美功能

健康形体的塑造离不开健康这一最基本的条件。健康不仅指没有疾病，它还包括多个方面，如正常发育、体形匀称、五官端正、有光泽的肌肤和健壮的肌肉等。人类社会特有的审美观能够通过这些健康的内涵进行充分体现。每个学生都希望具有健美的好身材，然而受到先天遗传因素和后天诸多方面因素的限制，达成这一目标还有一定的难度。经常参加体育锻炼能够从不同程度促进

---

① 张亚平，杨龙，杜利军. 高校体育教学理念及模式创新研究［M］. 北京：中国商业出版社，2022：6，9，12.

学生身体不同部位的发育与生长。在体育教学活动过程中，学生身体所需要的能量很多，身体内脂肪在氧化分解反应后所产生的能量是身体所需热量的主要来源，因此学生有规律地参与体育运动能够拥有比他人更加完美的身体线条，从而表现出优美的体型、姿势和动作。①

（六）体育教学能够改变学生的行为

体育教学可以增强大学生的适应能力，由此可积极影响大学生的行为，使其行为产生有益的变化。体育教学中很多活动与行为都合乎社会要求，所以很容易被社会认可和接受。这些合乎社会要求的体育活动对大学生来说非常有价值，能够使大学生不断调整自己的行为，不断向社会道德准则和行为规范靠近。体育教学还有利于培养大学生的智力，发挥大学生的聪明才智，使大学生更有想法、有干劲、能创新，并使大学生的行为更加理智、成熟。

第三节　公共体育课程的特点与教学内容

一、公共体育课程的特点

课程内容是课程的基本要素，是课程内在结构的核心部分，影响着课程实施中教和学的方式，进而影响教学目标的实现。不同的课程价值观、课程结构观和课程设计观对课程内容的影响也有所不同。人们认识课程内容也经历了一个不断深化的过程，一般很少有人再把课程内容直接视为教学内容，而且越来越多的人倾向于把课程内容看作"静态"与"动态"知识体系相结合的知识系统，即认为课程内容是对相对静态的各门学科知识加以动态处理、选择和建构的结果。关于体育课程内容的概念，目前尚无相关界定。过去人们往往把体育课程内容等同于体育教学内容。从目前课程论与教学论的相关研究来看，学术界普遍认为课程与教学虽然有着密切的关系，但却分属于两个不同的研究领域，因此，课程内容和教学内容是两个不同的概念，二者之间不能相互替代使用。一般说来，体育课程内容规定了体育学科在某一阶段共同的统一的标准和要求，不是对教学内容的具体规定，较为抽象，不能为学生直接掌握，主要回

---

① 马顺江. 互联网+教育背景下高校体育教学创新思路研究 [M]. 沈阳：辽宁大学出版社，2021：16-18.

答体育学科"教什么"的问题。体育教学内容是教师依据具体的教学目标和教学情境对课程资源具体化而形成的有效教学设计，是具体的、个别的，是教师和学生直接操作的对象，主要回答体育学科"用什么教"和"用什么方法教"的问题。

根据以上分析，公共体育课程就是依据体育课程目标，从直接和间接经验中选择，经过加工而形成的体育学科的知识体系，是当代社会体育与健康生活经验和学习者体育学习经验的总和。

（一）公共体育课程的基础性特点

公共体育课程面对的是各级在校学生，因此体育课程内容基础性特征明显，主要表现在体育课程应传授给学生基本的知识和技能，帮助学生形成广泛的运动兴趣和锻炼习惯，为终身体育奠定良好的基础，应使学生对健康知识有一定的了解与学习，为科学地进行体育锻炼和养成良好的生活习惯，促进自己的健康成长奠定知识基础。

（二）公共体育课程的身体实践性特点

公共体育课程需要学生将自己的良好的身体状态作为学习课程的基础，需要学生通过课程学习来参与科学的体育锻炼，获得更加强健的体魄。学生通过学习公共体育课程能够掌握丰富的运动技能，能够形成对待体育锻炼的端正的态度，因此，公共体育课程的身体实践性对学生起到了积极的作用。公共体育课程的身体实践性使学生能够在身体实践中获得综合素质的进步。

（三）公共体育课程的健身性特点

公共体育课程的学习过程也是对学生的身体施加负荷的过程，通过适宜负荷的身体练习，提高体能和运动技能水平，促进学生健康成长。具有一定负荷的身体练习是体育课程内容的基本特征，而适宜负荷的目的就是促进学生的健康成长，这与竞技运动训练的负荷追求运动竞赛成绩有着根本区别。

（四）公共体育课程的综合性特点

公共体育课程内容的综合性主要体现在功能的多样性和目标的多维性。功能的多样性就是指体育课程内容不但具有育人功能，同时融合部分健康行为与生活方式、生长发育与青春期保健、心理健康和社会适应能力，以及预防疾病、安全应急的知识和技能等多种价值。目标的多维性就是指公共体育课程内容有利于促进学生的全面发展，不但要实现身体健康目标，而且还能促进学生的心理健康和社会适应能力等目标的实现。①

二、体育教学内容的内涵

体育教学内容是体育教学目标与体育教学实施的中介，是体育课程内容的一个有机组成部分。从体育课程内容与体育教学内容的关系角度来看，体育教学内容主要涉及的是教师在体育课程实施——体育教学中"教授行为"的具体内容和学生"学习行为"的具体内容，以及二者如何互动的具体内容等。体育教学内容不仅包括了体育教学过程中所有"教"与"学"的具体内容，还包括了各种"教"与"学"活动的具体组织步骤。因此，体育教学内容就是在体育教学环境下传授给学生的体育与健康基础知识、运动技能和健身方法等体育知识体系、学生所获得的体育与健康生活经验、体育学习的经验等"教"与"学"的具体内容，以及"教"与"学"活动的具体组织步骤。

三、选择体育教学内容的原则

(一) 与公共体育课程目标一致的原则

与公共体育课程目标一致性原则，即所选择的公共体育课程内容是能够完成公共体育课程目标要求的内容，并且该内容应该是健康的、具有教育意义的、文明的和有身体锻炼时效的内容。同时，该内容还要符合受教育者特点，具有一定的文化内涵和运动价值，最好能选择一些具有中国风格和地方特色的内容。

(二) 体育教学内容的教育性原则

教育性原则是指公共体育教学内容本身具有教育意义，能够对学生某一方面的发展起到促进作用。例如，体育文化知识水平提高、竞争意识和社会规范意识培养、心理和良好思想品德形成、体育运动技术掌握与应用、体育运动历史文化熏陶等。这一原则与其他原则相比，似乎是宏观了一些，不太容易把握和判别，但是体育课程归根结底是学校课程的一部分，担负着教育的责任。通过身体实践活动对学生进行身体教育，促进教育目标的实现是课程的首要任务。因此，课程内容的选择必须考虑教育性问题。

---

① 高书怡. 中学体育课程教学探索 [M]. 北京：现代出版社，2018：27.

（三）体育教学内容的健身性与安全性原则

健身性与安全性原则是指体育教学内容应该有利于受教育者的身体锻炼和运动技能水平的提高，并且在课程实施过程中具有安全性保障。安全在当前学校教育中具有重要的地位，是学生健康成长的首要前提和重要保障。它包含着两个含义：一是课程内容能有效地为促进学生身体健康服务，有助于学生体育锻炼能力的形成；二是运动项目本身存在安全因素，课程内容应该是在体育教学环境和条件下实施时不具有危险性的内容。运动项目或者教学内容的安全性直接影响着体育课程内容的设置。

（四）体育教学内容的可行性原则

可行性原则是指体育教学内容要符合课程实施区域学校的物质条件、教师能力水平和学生的实际情况。任何有价值的教学内容都必须具备师资条件、必备的场地、设施条件，同时还要具备适宜的地域、自然环境等条件才能实施。不符合这些条件的教学内容是无法正常实施的，也是不实际的。

（五）体育教学内容的趣味性原则

公共体育教学内容的趣味性原则指的是公共体育的教学内容可以激起学生的学习兴趣，并使学生能够体会到体育运动中的乐趣。学生有了学习兴趣就可以做到主动学习，就可以不用教师督促也能积极学习公共体育教学的内容。因此，教师要根据趣味性原则选择教学内容。

（六）体育教学内容的社会性原则

社会性原则是指体育教学内容在遵循上述原则基础上，要尽可能地符合当前、当地的体育特色，符合当代流行运动的趋势，以增加体育教学内容的实效性。

在确定了教学内容选择的原则之后，人们就会发现一些问题的存在。例如，认为体育教学内容要具备健身性的体育教师数量最多，但是在选择教学内容时首先考虑的不是运动项目的价值，而是学校的条件；认为体育教学内容应具备安全性，但在选择时考虑的却是学生的喜爱程度等。出现这样的问题，一方面是体育教师不了解体育教学内容应具备的条件，认为任何体育运动项目都可以作为体育教学内容；另一方面是体育教师明确知道体育教学内容应该是具备教育性的、与教学目标一致的、符合一定条件的体育运动项目，但是在具体选择、实施的时候却没有遵循教学内容的要求。无论是哪一种原因，最终都说明一个问题，即体育教师在选择教学内容时，并没有严格按照选择体育教学内容的原则执行课程选择的过程。这势必会对体育教学内容的选择产生影响，从而影响教学目标的实现程度。[①]

第四节　公共体育课程的目标、意义与要素

一、公共体育课程的目标

（一）公共体育课程的基本目标

基本目标是从普通大学生的身体素质出发，由五个目标共同组成，分别为社会适应、心理健康、身体健康、运动技能和运动参与目标。

1. 公共体育课程的社会适应基本目标

社会适应目标可以帮助高校学生正确处理竞争与合作二者之间的关系，同时还会表现出良好的合作精神和体育道德精神。

2. 公共体育课程的心理健康基本目标

心理健康目标不仅可帮助高校学生在运动中体验成功的感觉和运动的乐趣，还会让他们自觉根据课程设置来实现自己的体育目标。体育活动还有助于改善心理情绪，帮助他们有效克服心理障碍教师要选用适宜的方法方式帮助他们调节自己的情绪，在调节过程中逐渐养成一种乐观的生活态度。

3. 公共体育课程的身体健康基本目标

首先，身体健康目标可以帮助高校学生拥有一个健康的体魄。现阶段高校学生的身体素质不太理想。因此，他们通过全面开展体能训练，提高身体素质，可以有效获得良好的身体状况，养成良好的学习行为。其次，学生在学习课程中可以通过掌握体能知识和方法，进行合理有效的身体锻炼，选择人体所需的营养食品，形成一种健康的生活方式。

4. 公共体育课程的运动技能基本目标

运动技能目标可以帮助高校学生在进行体育锻炼时有一个科学的方法，对于掌握两项以上运动健身的技能和基本方法的学生来说，不仅可以增强他们的运动能力，还可以使他们在遇见运动创伤时进行科学的处置。

---

① 安基华，李博士. 体育教学理论与实证研究 [M]. 长春：吉林人民出版社，2019：21-22.

5. 公共体育课程的运动参与基本目标

运动参与目标对于学校来说不仅可以锻炼个体身体素质，还可以形成一种锻炼氛围，使学生积极参与各种体育活动并逐步形成一种自觉锻炼的习惯，可以有效使学生形成终身体育意识。

(二) 公共体育课程的发展目标

1. 公共体育课程的社会适应目标

学生正处于社会责任心的建立阶段，需要在正确的指导下形成主动关心体育发展的态度，要能够积极主动地融入社会，适应社会，并在适应社会的时候养成良好的体育运动习惯。

2. 公共体育课程的心理健康目标

心理健康目标让学生在挑战顽强性运动时可以展现出他们顽强的意志，同时还可以增强他们的意志品质。

3. 公共体育课程的运动参与目标

运动参与目标是一种很好的体育锻炼目标。对于普通学生来说，很多体育项目只是重在参与，因为通过这种参与，可以使参与者得到放松，用一种良好的心态完成一项体育运动，让体育锻炼形成一种良好的习惯，让体育文化和观赏水平得到提升。

4. 公共体育课程的身体健康目标

身体健康目标对于练就强健的体魄，增强自身科学锻炼的能力，全面发展体能，都是非常有益的。

5. 公共体育课程的运动技能目标

运动技能目标可以让一些学生展现出运动才能。一些具有挑战性的活动和竞赛项目不仅可以帮助学生提升运动技术水平，还可以让他们通过积极锻炼，来达到运动员级别的水平。[①]

二、公共体育课程的意义

强调提高学生的健康素质和健康水平，是我国公共教育体育课程改革的基本特征。这一基本特征应该从两个方面进行理解。一方面，公共体育课程应该从过于强调"强身健体"的生物学功能和注重运动技能的传授与学习，而忽视学生心理素质的提高和社会适应能力的培养，转向身体健康、心理健康和社

---

① 李德昌. 现代高校体育健康理论与体育保健的科学研究 [M]. 北京：北京工业大学出版社，2021：2-3.

会适应能力的协调发展和共同提高。另一方面，公共体育课程既要关注学生在校期间健康促进的阶段效益，还要以终身体育思想为指导，注重学生健康促进能力的培养，关注学校体育的远期效益。简而言之，促进学生健康成长，服务于学生未来健康工作和幸福生活的需要，是体育课程的意义所在。

切实提高学生的体质健康水平，促进学生的健康成长，帮助学生奠定终身体育的基础，是公共体育课程的应有之义，而公共体育课程实施正是建构公共体育课程意义的重要过程。公共体育是增进学生身心健康的有效途径，是提高国民健康素质和健康水平的基础课程。

三、公共体育课程的要素

（一）公共体育课程的体育教师要素

高校体育教师面对的教学对象是高校大学生，鉴于高校大学生的年龄因素和性格特点，决定了高校体育教师要根据大学生的特点选择体育教学内容和制定体育教学计划，因此，在高校体育教学中，体育教师表现出以下几方面的特点。

1. 尊重学生

高校体育教学对象——大学生是年龄超过 18 岁的成年人，这种年龄特征导致了大学生对教师的指导和帮助几乎不存在依赖，他们大多已经具备了较强的主体意识与独立意识，更喜欢通过自己的努力和思考来独立进行体育活动和完成体育学习任务。因此，高校体育教师在教学中要表现出与学生较强的互动性，尊重学生在高校体育教学中的主体性地位，重在引导而非灌输。

2. 具备丰富的知识

高校体育教师应具有丰富的知识结构与层次。高校体育教师的教学任务是引导大学生积极参与体育活动、锻炼大学生的身体、提高大学生的体育文化素养、丰富学生的基本体育知识、增强学生的基本运动能力，提高大学生从事体育锻炼与欣赏体育比赛的能力水平，贯彻落实终身体育教育。因此，体育教师必须具备全面的知识结构，既要熟知体育学科的基本知识和教育学的基本规律，还要掌握其他相关学科的原理与方法并做到熟练运用，最终通过良好的教育方法和技巧将自己丰富的理论知识与技术技能传授给学生，促进学生的身心全面、和谐地发展。

3. 具有良好的身体素质

身体练习是高校体育教学的主要形式。从事体育教育的教师是经过专业训练或接受过专业教育的特殊人才。在学校中，体育教师不仅要完成好平日的教学工作，还要在运动场上带领学生进行体育课教学活动和组织课外活动，有时候还会根据需要承担起学校高水平运动队的组织与训练工作。一些体育教师还要进行与体育教学相关的科学研究。因此，体育教师的工作周期和持续时间都很长。体育教师必须具有良好的身体素质，才能承担体育教学这一高强度的工作。①

4. 具有科研能力

体育教师必须承担体育学科领域的一部分科研任务，参与一些体育科学领域的相关科研工作或对研究做一些辅助工作，以不断推动高校体育教学的持续发展。

高校体育教师是外部主导，主要职能体现为对高校体育教学进行计划、组织、管理、监控等。高校体育教师的专业素质将直接影响其职能的发挥和体育教学效果，因此要求高校体育教师有良好的敬业精神、业务能力等。

在公共体育课程教学中，高校体育教师的主要施教对象是大学生，这是高校体育教学的另一个重要主体。高校体育教师向大学生传授体育知识与技能，但大学生不能只是简单、被动地接受，必须在教师的指导下积极主动地参与学习，发挥自己的聪明才智，从而取得良好的学习效果。

(二) 公共体育课程的体育教学环境要素

1. 体育教学环境的含义

在教学中，教学环境是指推动学生身体、心理以及各方面发展的育人环境，是高校开展一切活动所具备的各类条件的总和。

教学环境的概念有广义与狭义之分。广义的教学环境是指作用于体育教学的所有社会环境，如社会制度、科学技术等；狭义的教学环境是指组织和开展教学活动不可或缺的各种环境因素，如教学设施、规章制度等。体育教学环境是指对体育"教"与"学"两方面的效果造成影响的显性教学条件和隐性教学条件，以及这些条件共同构成的教学氛围。

我们通过体育教学环境的概念可以发现三个层面的意义：第一，体育教学环境是作用于体育教学的一个必要条件；第二，体育教学环境是形成体育教学氛围的重要条件；第三，体育教学环境主要有显性因素和隐性因素两个部分。

教师和学生如果能够在一个好的教学环境中参与公共体育课程活动时，那么就可以获得一个好的体验，就能够有效提高公共体育课程质量水平。而当教

---

① 陈兴雷，高凤霞. 高校体育教育与管理理论探索［M］. 天津：天津科学技术出版社，2022：101-102.

师和学生不能够在一个好的教学环境中参与公共体育课程活动，那么公共体育课程就无法发挥自身的作用，无法对学生产生积极的影响。因此，学校要注意教学环境的设计和发展，维护公共体育教学环境。

2. 体育教学环境特点

一个良好的体育教学环境是开展体育教学活动的重要保障，因此各高校都非常重视高校体育教学环境的建设。一般来说，体育教学环境的特点主要体现在以下几个方面。

（1）体育教学环境的科学性和可调控性特点

体育教学环境的科学性主要体现在：体育教学环境的建立并不是盲目的，需要以特定的目标与需要作为基本依据，要对构成要素进行充分的论证、选择、加工、提炼，才能对体育教学产生积极的影响。体育教学环境可调控性主要体现在：为促进学生的发展，满足体育教学的需要，要结合学生的特点及需要以及体育教学的实际条件及时调节和控制体育教学环境，以保证体育教学活动的顺利开展。

（2）体育教学环境的目的性和计划性特点

学校在设计体育教学环境时，要事先制定一定的规划，要有目的性和计划性，切忌盲目性。通常情况下，体育教师会依据现有的体育教学目标、学生身心特点及教学实际等为出发点和依据，对各个方面展开研究与分析，争取设计出符合当前实际的体育教学环境。由此可见，体育教学环境的设计并不是随意的，而是具有一定的目的性和计划性。

（3）体育教学环境的规范性特点

体育教学环境为学生和教师提供了一个良好的学习场所，因此体育教学环境的设计要具有一定的规范性。体育教学环境是开展体育教学活动的舞台。由于体育教学活动大多是在室外环境下进行的，学校在构建校园体育教学环境时，必须注重规范性，这对于教学效果的取得和学生的运动安全具有重要的意义。

（4）体育教学环境的双重性和双向性特点

在高校体育教学中，体育教学环境对体育教学目标具有一定的指向性作用，突出表现为好的教学环境能促进教学活动的有效开展。另外，体育教学环境如果与体育教学目标相背离，则会对教学活动产生消极的影响，不利于教学活动的开展。除此之外，学生也并不是被动地接受体育教学环境带给自身的影响，有时学生的主观意识与行为也会对体育教学环境产生一定的反作用，即对体育教学环境产生积极影响或消极影响。由此可见，体育教学环境呈现出鲜明的双重性与双向性特点。体育教师要深刻理解教学环境的这一特点，做好教学环境的设计与规划。

（5）体育教学环境的自发性与潜在性特点

一个良好的体育教学环境对于学生的学习具有重要的影响。这种影响是潜移默化的。体育教学环境具有主体知觉背景，刺激强度相对较弱，在这样的环境中，学生不是直观感觉，而是不知不觉中潜移默化地受其影响，体现出自发性与潜在性特点。因此，一个好的或者不好的体育教学环境能对学生的学习产生较大的影响。[1]

（三）公共体育课程的学习主体要素

在体育教学中，学生是学习的主体，学生在学习的过程中主要是获得间接经验，而不是直接经验。学生接受的是前人的认识成果，他们认识活动的客体主要是前人的经验，这与人同自然、社会环境的直接接触具有较大的不同。另外，学生获得直接经验的过程只能作为一种辅助的认识活动，学生体力和智力的发展也在一定程度上限制了他们活动的认识程度和能力。在大力提倡学生自主性的今天，我们仍然要看到其中"度"的重要性。学生系统地学习和掌握前人的经验和知识，是日后创造性劳动不可或缺的重要手段。学生在学习的过程中，主要是能动地接受教育信息，在这一过程中，大脑不仅反映外界传入的各种信息，而且，还能够对外界的信息进行一定的加工和改造，改造的过程既取决于学生所接收的信息，也取决于学生的目的、意图等。学生在学习的过程中，只有在最适当的觉醒状态下才能对外来的加工与整理，通过大脑皮层的工作制定适合自己的活动程序。

学生是教学活动中信息的接受者，但并不意味着只是消极被动的接受者，学生在加工与改造信息的同时，也会对教师的"教"做出一定的反应，输出反馈信息。学生接受信息的效果，在很大程度上源于自己的兴趣、价值观、学习能力、学习方式等多种因素。因此，要想有良好的教学效果，体育教师与学生一定要协调配合好。

从广义上而言，在公共体育课程中，大学生是一个主要制约因素和重要调控因素。在教学过程中，大学生作为受教育者和施教对象，是一个群体，在很多方面存在共性；但因为各方面因素的影响，大学生之间的个体差异也很明显。大学生能否能动地参与公共体育课程，对教学质量好坏有决定性影响。而针对大学生的特点和差异，因材施教，调动大学生的学习兴趣与热情又是体育教师的一个主要职责。

---

[1] 赵一刚. 高校校园体育文化建设与探究 [M]. 北京：中国原子能出版社，2022：28-29.

教师可以根据学生主体的需求制定公共体育课程教学目标。教学目标就是教学将使学生发生何种变化的明确表述，是指在教学活动中所期待得到的学生的学习结果。基于学生主体价值取向的体育课堂要求教师强化目标意识，从学生视角出发考量目标设计，在教学目标的制订过程中摒弃教师本位和知识本位，审视其是否符合学生身心发展规律和促进学生综合发展。

教师还可以根据学生主体的需求选择体育课堂教学内容，使课堂教学内容围绕教学目标展开，使学生的肌肉力量、爆发力和身体协调能力得到发展；选择教学内容时，要考虑学校实际情况及不同种类运动的个性特征、共同特征和独特育人价值。总之，教师要以学生主体性为中心，对公共体育课程教学内容进行合理优化，还可创造性地设计符合实际需求的跨学科主题，使课程效果得到提高。[①]

---

① 罗伟浩. 学生主体价值取向的体育教学框架建构与实践路径 [J]. 中国教师，2023（4）：89-91.

第二章　公共体育课程资源开发

随着我国课程改革的发展，高校公共体育教学逐步走向规范化。公共体育课程资源围绕"学生为本，健康第一"的指导思想优化课程设置与体育教学，让学生充分体验和享受体育课程特有的健康、快乐的精神价值，培养学生终身锻炼的运动观念已深入人心。合理开发和利用有效的课程资源，是发展公共体育的重要途径之一。

第一节　课程资源开发的意义、原则

一、课程资源开发的意义

资源是现实社会的一部分，只有当它成为人们学习、研究的对象，才成为课程资源。凡是有助于学生的成长与发展的活动所能开发与利用的物质的、精神的材料与素材，都是课程资源，如图书资料、音像资料、风俗习惯、文史掌故、名胜古迹、自然风光、与众不同的人和事（如独特的个性、卓越的创新、超常的表现）等。有效地开发和利用这些资源，使资源具有了更多的教育附加值，进而开阔课程研究者和教师的视野，拓宽课程研究的领域，从而促进课程理论的发展。课程资源开发与利用对课程改革的目标，特别是培养学习者的实践能力、动手能力、求知欲、学习兴趣、情感与态度有着不可替代的价值。

课程资源观的确立是我国社会经济及教育自身改革和发展的必然产物，也是教育课程改革推进的保证。具体来说，课程资源开发的意义体现在如下方面。

(一) 有利于拓展课程资源的利用范围

课程资源的开发有利于打破传统单一的课程观念，确立与学习化社会相适应的课程观念，从而为新课程方案（标准）的实施提供条件保障；为课程目标的实现提供资源保证，为课程知识、过程与方法以及情感课程的视界与态度多层面标准的实现提供可能性；为学生探究性、开放式、合作式学习提供支持系统；为在家庭、社区、社会范围内开发新的教育与学习资源提供途径、方法和范例。

课程资源的开发与利用还可以使课程增加弹性、选择性，使课程更加适应不同地区经济、文化及学生个体发展的需求。它是沟通学校课程与社会所有教学资源的桥梁，也是教材多样化的前提，有利于打破学校课程由教科书"一统天下"的局面，有利于广泛利用社区教育资源。

课程资源的开发和利用也有助于唤起人们的课程资源意识；有利于提高人们对教育、学习的认识，发挥校外社会教育场所和设施的教育作用，拓宽学校教育的范围，加强学校教育在教育内容层面上与社会各个系统的联系；有利于学校教育树立大教育的观念，从而确立学校教育与终身教育的关系，探寻校内外教育相结合的途径，为真正建立学习化社会提供必要的观念性准备。

可以预见，在教育资源开发的过程中，不但会在教育领域内引发一场教育观念的变革，而且会使全社会的教育意识、教育观念有一个提升，为学习化社会的来临奠定基础。

(二) 有利于学校形成办学特色

国家实行三级课程管理政策的目的之一就是尊重地方差异和学校差异，给学校一个自由发展的空间。学校在国家课程改革总目标下，根据师生的特点和需求，根据学校教育资源和学校传统优势来开发课程资源，打造个性化的课程体系，在课程资源方面贯彻本校独特的办学目标和策略，通过课程潜移默化地传递学校精神和教育理念，将课程资源作为形成学校办学特色的重要途径之一。

(三) 有利于推动学生和教师的发展

学校和教师作为课程资源开发的主体，只是了解课程资源的含义和种类是远远不够的，还要对课程资源开发的价值有深刻的认识，获得科学合理、主动积极地开发和利用课程资源的思想动力。

课程资源开发的价值取向首先是学生的发展，这里有两层含义：一方面，大量的、具有开放性的课程资源对学生发展的价值是不言而喻的，它给学生提供了广阔的视野；另一方面，学生也是课程资源开发的主体，学生的生活经验、感受、兴趣、知识、能力等构成课程资源的有机成分。学生最终应该成为课程资源的主体和学习的主人，应当学会主动地、有创造性地利用一切可用的资源，为自身的学习、实践、探索性活动服务。

课程资源开发的价值还在于促进教师的发展。新课程对教师开发课程资源提出了明确要求。教师以往的专业发展主要集中于教学、教育手段和方式等，课程资源的开发对教师提出了新的专业能力要求，即课程开发的专业素养和能力。从这个意义上说，教师本身构成了课程实施中最有价值的课程资源。

(四) 有利于改革和创新教学模式

新的课程资源的引入会带动教育手段、教学组织形式等方面的变革；课程资源的丰富，特别是新兴课程资源会有利于推动现行的教育模式的改革，学生的主体性会极大的提高，学生的实践能力、学习兴趣、创新能力等将有全新的发展；对于改进传统教育以教材为中心的教学模式具有促进作用，并进而丰富课程的类型、种类；它为新课程提供丰富多彩的内容，是新课程教学内容的重要支撑，是保障新课程真实、全面、高效实施的重要条件。

课程资源的开发和利用对教师的教学视野、教学技能起到了极大的促进、推动甚至是挑战的作用。课程资源的开发和利用可以更多地引入社会需求、社会实践、社会问题等到教育领域中来；课程资源的多元化可以最大程度地满足青少年的多方面需求，促进青少年人格和个性的健全完善；与社会实际生活密切相关的课程有利于学生主体意识的最终确立——既可凸显教师在教学中的指导性地位，又可充分发挥学生的主观能动性，为学生创造性和探索意识的培养提供条件和基础。多元化的课程也有助于教育中民主、平等观念的确立，资源的开放性和信息的共享特征，使教师与学生之间的关系不再是传统的主客或主动与被动的关系，而演变成为一种平等的合作或协作式的关系模式。

二、体育课程资源开发的原则

(一) 科学性原则

开发和利用体育课程资源首先要遵循的是科学性原则。这不仅要遵循体育学科发展的规律，还要遵循学生身心发展的规律和学习的规律。如果违背此规律进行体育课程资源的开发，就无法实现体育课程目标和教学目标。开发体育课程资源的科学性原则要求学校按照以下几方面开发体育项目。

1. 以促进学生身体健康为前提

体育课程资源的开发应当能够有效地为学生健康服务，利于培养学生的体育能力、锻炼习惯、体育意识。学生正处在生理、心理迅速发展的关键时期，在他们生长发育的不同阶段，有着不同的体能发展敏感期。所以，学校在选择教材资源时，应当根据不同阶段学生身体发展的特点，科学合理地加以选择，保证这些资源能真正起到促进学生身心健康成长的作用。切忌选用一些不切合实际、无助于学生健康的素材资源。

2. 资源必须与人的身体素质相契合

因为不同体育运动的运动量、器材操作、柔韧性要求等各有不同，很多运动项目的完成需要良好的身体素质和较为专业的运动技术，甚至具有一定的难度，因此，体育课程资源的开发一定要有安全保障。

3. 重视体育的文化含量

体育作为我国民族文化的有机载体，是不可多得的体育课程内容资源，因此我们在选择和筛选可利用的体育课程资源时应考虑其文化性，如参与、竞争、协作、拼搏、创新等，使得学校体育课程获得丰富的文化价值。

(二) 目标性原则

目标性原则指的是对公共体育课程资源的开发与利用，需要明确所要实现的课程目标。只有围绕着需要实现的课程目标来开发与利用公共体育课程资源，才能确保最终进入高校公共体育课程的资源具有针对性和有效性，继而保证高校体育教学取得预期的效果。通常来说，不同的目标指向应该对应开发、利用相应的公共体育课程资源。[①]

但是，由于公共体育课程资源本身具有多功能的特点，这使得同一公共体育课程资源可以为多个目标服务。这就要求在明确目标的前提下，认真分析与此目标相对应的公共体育课程资源，认识与掌握它们各自的性质和特点，寻求最有助于实现该目标的公共体育课程资源开发途径。

(三) 健身性原则

高校公共体育课程教学的一个重要目的就是增进学生的身体健康，因而高校在对公共体育课程资源进行开发与利用时，必须遵循健身性原则。基于此，高校所选择的公共体育课程资源要具有健康价值，或者说具有健身性，有利于

---

① 刘汉平，朱从庆. 我国高校公共体育课程教学的发展与改革探究 [M]. 长春：吉林人民出版社，2021：42.

学生进行身体练习，继而达到增强学生体质、保持学生身体健康和提高学生体育素质的目的，为学生将来的生活和工作奠定良好的身体基础。

（四）针对性原则

体育课程资源的开发与利用必须在明确课程目标的前提下，认真分析与课程目标相关的各类体育课程资源，认识和掌握其各自的性质和特点。课程资源的开发与利用要针对本地、本校的实际，发挥地域优势，突出学校体育特色；要针对学生的情况，满足学生的体育兴趣爱好和发展需求；要针对教师，考虑教师群体的情况，与教师体育教育教学水平相适应。

体育课程资源的开发与利用应从实际出发，发挥地域优势，强化学校体育特色，明确体育学科的特性，展示教师风格，扬长避短，突出个性。体育课程资源的开发与利用本身就是一项极具创造性的实践活动，没有个性，也就失去了创造性。

（五）安全性原则

体育课程的培养目的归根结底是为了学生的身心健康发展，它所要实现的是学生能够更好地生活、学习和发展。从这一点出发，在体育课程资源的开发过程中我们还应遵循安全性原则。

众所周知，体育来源于各地区人民的日常生活与劳动，很多项目是在相对开放的环境中进行操作的，在完成的过程中，各种显性以及潜在的因素错综复杂，一旦掉以轻心，意外事件就可能发生。

（六）经济性原则

体育课程资源的开发与利用绝不是大兴土木、大量投资，更不是重复建设，而是尽可能地利用最少的资金和最少的精力投入达到最理想的结果。体育课程与其他课程的一个显著区别就是需要器材、场地的物质保障，缺少了这些东西，体育课的实施就相对困难。正因为如此，体育课程资源的开发与利用要做到节俭、经济，否则面对众多的体育课程资源，学校乃至社会永远也无法提供足够的体育经费。[①]

经济性原则包括开支的经济性、时间的经济性、空间的经济性和学习的经济性。在体育课程资源的开发与利用过程中，学校应尽可能就地取材，因地制宜，利用各地有利条件和优势，开发出花费最少、空间最小、时间最少、形式

---

① 吴湘军. 中学体育课程资源开发与利用［M］. 成都：西南交通大学出版社，2019：66.

最丰富、效果最好、最符合学生需要的体育课程资源，以达到最好的体育教育教学效果。

第二节　公共体育课程资源开发的必要性和目标

一、公共体育课程资源开发的必要性

（一）由体育课程的自身优势所决定

体育课程的开发已经被广泛应用到各地区学校当中，使得当前的教育教学具有更好的灵活性和多样性，使得学生们对于体育课程、活动的接受程度大大提升。公共体育课程的开发就是为了适应当代青少年学生的兴趣爱好，满足学生个体的兴趣和特点，根据适合本校学生的实际情况来制定校本课程，促进学生的全面发展。

学生在新的教育模式下成长，是新时期下教师应该积极明确的义务，也是教师的教学新目标。而教师作为校本课程的开发主体，也需要不断学习新的教学理论，提升自己的专业技能和知识，了解更多合理有趣的体育运动技能，来满足学生多样化的需求。通过学校、教师的多方努力，可以让教学活动落到实处。体育校本课程的开发可以促进学生个性的发展，增强教师教学专业能力，进而可以整体带动学校教育工作的进展，增强学校的教育能力，形成更具特点的教学氛围。

当前阶段，学校可以借助自身的资源优势来开发课程资源，有条件的情况下，可以引入一些外界的体育、游戏、竞赛活动来激发学生参与体育运动的积极性和热情，让学校的体育课程教学更加完善、有趣，进而提高学校课程开发的协调性、全面性。

（二）是深化体育课程改革的必然路径

随着社会经济发展，体育课程改革的深入，学校的体育课程资源日益丰富，体育课程资源已经实现了多元化开发与利用。但在体育教学实践中，一直注重体育课程资源的多样性发展，以致体育课程资源的开发始终停留在多元化开发阶段，基本是在挖掘和拓展体育课程资源这个层面发展，无法取得开发研究的突破。

体育教师也不知道如何选择重点的体育课程资源,如何运用适合学校、教师和学生的体育课程资源进行教学。因此,对体育课程实用资源开发研究将突破体育课程资源开发的现状,突出对重点的体育课程资源的开发与利用。

(三) 是深入研究体育课程理论的根本要求

体育课程改革如同一列身形庞大的列车,需要强劲的动力才能高速前行。那么体育课程的理论就是发动机,体育课程资源的理论就是注入发动机的燃料,有了充足的燃料,体育课程改革的列车就能持续前进;注入优质的燃料,列车就能够提速前进。换句话说体育课程实用资源的开发理论就是实现体育课程改革的列车提速前进的优质燃料。

目前,我国体育课程资源理论研究水平还很低,还没有形成一套结构完整的理论体系,一直停留在多元化开发体育课程资源的层面,缺乏深层次的研究,缺少对体育课程资源中微观理论的深度探讨。

(四) 是丰富体育教学内容的有效方式

体育课程资源是指体育课程设计过程中可以利用的人力、物力以及各种资源的总和,包括体育教师、教材、学校、教学方法、教学手段、场地、器材、时间和空间等一切有助于体育课程设计的因素。

目前,高校在不同程度上都存在着课程资源不足的现象,而制约体育课程资源开发利用的原因是多方面的,如教育观念、办学思想、教师的知识结构、学校体育教学条件等。其中,缺乏主动开发体育课程资源的意识是最重要的制约因素。同时高校体育课程主要以竞技运动项目为教学内容,而对体育的文化功能和社会功能重视不够。建立合理的课程目标,保证高校公共体育的丰富性课程内容,有利于学生体育兴趣的培养和终身体育意识的养成,形成多元化的课程资源。

(五) 是本土体育教育事业健康发展的必由之路

体育校本课程开发能助力高校、教师、学生乃至本土体育教育事业良性发展。通过教学体系创新,教师能够为提高自身教学质量探寻新的出路,摒弃以往灌输式、单一性、填鸭式等滞后性教学手段,丰富当前教学模式。然而在课程开发领域的相关研究基础却较为薄弱,且无法形成统一标准及操作体系。

为此,高校若想有效提高本校体育教育质量,引导学生树立终身体育运动意识,掌握体育运动方法,提高学生身体素质,就需要鼓励教师从本校体育教育实况出发,结合现有教研资源,遵循国家教育事业发展方向,积极主动开展体育教学课程开发工作，助力高校和被本土体育教育不断累积相关课程开发与教学经验，为今后本校其他课程开发提供有力参考。同时，学生能在校本化体育课程中自主开展学习与实践，达到提高学生体育素养与教师育人能力及学校办学水平的目的。

二、公共体育课程资源开发目标

开发目标是开发者教育价值取向的直接反映，诸如对不同教育价值的取舍、对学生发展的认识、对教学手段方法的选择等。体育课程资源开发目标是开发者对体育课程资源开发的最终归宿。通常，公共体育课程资源开发目标包括以下几类。

（一）满足学生需要，促进学生发展

满足学生的体育需要，提高学生身心健康是体育教学过程中的首要目标，同时也是体育教学课程资源开发中的首要目标。在进行体育教学课程资源的开发时，必须以满足不同学生的体育需要为前提，如此才能让学生更好地接受。学生在体育方面需要学习的东西很多，远非体育课程所能包揽，因而必须在可能的体育教学课程资源范围内，在考虑开发成本的前提下突出重点，精心选择那些对学生终身发展具有决定意义的体育教学课程资源，使之优先得到开发。[①]

在体育教学过程中，体育教师要充分利用各种有利因素，提高学生探索问题、发现问题、分析问题、解决问题以及合作学习等方面的能力。体育教师要具有创新的精神，善于吸收、加工、储存、应用信息能力，不断地学习新知识，更新知识结构，为体育课程资源开发奠定理论基础。教师通过体育课程资源开发，培养学生的运动兴趣和运动能力，促进学生身体、心理健康水平和社会适应能力的发展，培养有利于我国社会发展的高素质人才。

（二）提高教师课程开发的认知能力

在进行体育教学课程资源的开发时，提高体育教师对新体育教学课程资源的认知能力也是一个重要目标。体育教师对体育教学课程资源开发的认识和理解，将会对他们开发体育教学课程资源的主动性和积极性产生直接影响，也会对开发的质量和效果产生较大的影响。因此必须通过体育教学课程资源的开

---

① 薛永胜，杨莎，刘尚武. 有效体育教学理论体系的构建与教学实践研究[M]. 长春：吉林科学技术出版社，2019：115.

发，使体育教师对体育教学课程资源的认识不断深化，逐步提高体育教师对体育教学课程资源的认知能力。

（三）丰富体育教学课程内容体系

以往的体育教学课程内容体系大多是在体育教学大纲和体育教材所规定的范围内建立的，像一些新兴运动项目、学生的经验等一般是不会成为体育教学课程内容的。[①] 而新的体育课程资源内容的开发就需要对这种局面进行一定的改革。充实体育教学课程内容体系也成为体育教学课程资源开发的一项基本任务。

实际上体育教学课程资源的丰富性和多样性，为体育教学课程资源的进一步开发提供了前提条件。要努力通过体育学科专家、中小学体育教师、学生等多个主体以及国家、地方和学校多个层面全方位、多角度地进行体育教学课程资源的开发，使各种新颖有趣、适应性强的体育教学课程资源不断转化为新的体育教学课程内容，使体育教学课程内容的范围在原有的基础上不断拓展、不断丰富，逐步形成具有中国特色的体育教学课程内容体系，使拓宽后的体育教学课程内容能够为学生选择学习、发展个性提供更加广阔的空间，为实施素质教育、提高体育课程教学的质量和效果打下基础。

（四）开展特色教学，增强新内容的适应性

在开发体育教学课程资源的过程中，高校必须致力于形成自己的体育教学特色，并要提高新体育教学课程内容在学校教育中的适应性。不同学校，其学校性质、办学条件、教育理念、学生的发展基础等实际情况都会存在一定差异，在其拥有的体育教学课程资源的数量、性质和具体结构等方面也会有所不同。

因此，我们在开发时，不能只追求体育教学课程资源的统一性，还要努力保持不同地域间学校体育教学课程资源的丰富性，把各个学校所拥有的不同体育教学课程资源变成特色资源来进行开发。只有形成特色，才能使一个学校的体育教学课程资源开发具有旺盛的生命力。

---

① 陈兴雷，高凤霞. 高校体育教育与管理理论探索 [M]. 天津：天津科学技术出版社，2022：152.

第三节　公共体育课程资源开发的范围

一、公共体育课程资源开发的范围总述

公共体育课程资源开发的范围包括人力资源、体育资源、环境资源三种。其中，环境资源又可以分为校内资源和校外资源，校外环境资源应作为课程资源开发的延伸方向。具体范围见表2-1。

表2-1　公共体育课程资源开发的范围

资源范围		内容
人力资源		体育教师、学生及校内外相关人员等
体育资源	理论及经验资源	体育课程的知识、技术及体育教育者的阅历
	物力及财力资源	校内外体育场馆设施、教具、资金等
	运动项目资源	对现有运动项目的改造、传统体育项目的开发
	媒体资源	广播、电视、网络等信息，充实、更新课程内容
环境资源	校内资源	学校内部体育场馆、场所及适宜体育运动的自然场地
	校外资源	家庭、社区、区域的体育场所及活动等

二、公共体育课程的人力资源

人力资源可称为"劳动力资源"或"劳力资源"，是指某种范围内的人口总体所具有的劳动能量的总和。在高校公共体育课程条件资源中，人力资源是十分重要的一个组成部分。通常来说，高校体育教师、学生、具有一定体育特长的教职工、校医、校外体育专家、运动员、教练员等，都属于高校公共体育课程的人力资源。[1] 而他们的体育知识、体育技能、体育教学经验等，都可以成为高校公共体育课程的内容。

---

[1] 刘汉平，朱从庆. 我国高校公共体育课程教学的发展与改革探究 [M]. 长春：吉林人民出版社，2021：46.

（一）体育教师

体育教师是体育课程的主要实施者，他直接参与体育课程的教学、组织学生的课外活动、指导学生的课外训练、进行有关体育课程研究等。体育教师决定着体育课程资源的鉴别、开发、积累和利用，是课程资源的重要载体，是体育课程实施的首要人力资源。他们的素质状况决定了课程资源的识别范围、开发与利用的程度以及发挥效益的水平。

随着体育课程改革的进一步深化，教师作为一个重要的课程人力资源进行研究和开发，越来越引起人们的重视。在体育课程资源中，无论是其他人力资源的优化，体育设施资源的创新，课程内容资源的改造和创编，还是课外校外资源、自然地理资源、现代信息资源的利用，都需要体育教师进行创造性的工作。

因此，学校要加强体育教师队伍的建设，建立一支具备现代教育思想并拥有良好专业素质和富有献身精神的体育师资队伍，制定科学的人力资源管理体系，建立合理的人才梯队。

（二）学生

学生也是一种体育课程人力资源，因为学生是体育课程的主体，是体育教育的对象，是教育最重要的力量。如果失去了这个力量，教育也就失去了根本。在传统的知识课程体系中，视知识为客观的、普遍的、外在于人的真理。教学是从外部向学生灌输明确的知识，学生的学习就是接受与记忆这些知识。20世纪末兴起的建构主义知识观与认识论认为：学习是学习者在原有知识经验基础上主动进行信息加工，建构内部心理表征的过程。学生建构知识不是从同一背景和角度出发完成同一信息加工的过程，而是在他人的协助下，进行独特的信息加工的过程。在知识建构过程中，学生个体的生活经验、原有知识、兴趣、情感是重要的前提，是教学活动的重要课程资源。因此，学生不仅仅是教育的对象，更是教育的最重要的资源。

（三）校内外相关人员

体育课程的实施，不仅仅是体育教师和学生的事，校内外很多人员也可以直接或间接地参与到课程之中。由于体育课程具有多学科综合性和多目标指向性的特征，这使其他学科教师、管理人员、体育专业人员进入体育课程、参与体育课程的建设和实施成为可能。比如校内的校长、班主任、其他学科的教师、校医务人员、器材管理人员、团委等，校外有家长、其他学校的教师、体校或运动队的教练员、社区体育积极分子等，都可以作为体育课程人力资源的后备军，进行开发和利用。

高校要积极挖掘其他人力资源，并引导其充分发挥自己的作用。例如，高校可以邀请著名的教练员或运动员来校进行体育表演，以激发学生参与体育活动的兴趣；可以邀请医生来校进行体育与健康演讲，以便更多的学生积极主动地参与到体育教学之中。

三、公共体育课程的体育资源

（一）理论及经验资源

1. 理论资源

理论资源是由知识资源进行加工、提炼、整合后形成的系统性、体系化的学问。体育课程的理论资源也十分丰富，既有来自运动人体科学类理论，又有体育人文社会类理论；既有健康教育类知识，又有运动技能类知识、运动文化类知识；既包括科学知识资源，又包括技术知识资源和信息知识资源等。

2. 经验资源

体育课程经验资源是指体育教育系统中教师、学生、管理者、研究者和工作人员所具有经验、体验、经历、阅历等个人经历的总和。

在体育教学中，体育教师的经验总是自觉或不自觉地进入他们的教学活动中，是起主导作用的经验资源，它支配着体育课程活动的整个过程。如教师的教学活动容易受他们所受教育的影响，他们会唤起自己受教育的经验；教师的教学质量受教师教学经验的影响。

学生的经验是体育课程与教学活动的基础。如学生通过参与体育活动，体能得到增强、运动技能得到提高、心理上得到满足；在体育锻炼过程中，学生克服各种困难、经历各种艰苦，意志得到锻炼；在体育活动的团队中，经历了尊重他人、团结协作的过程，学生增强了合作能力；在竞技比赛中，学生经历了成功的喜悦和失败的辛酸，丰富了内心世界。这些都是学生在体育活动中的体验，是体育课程可以开发和利用的资源。因此，将学生的经验作为体育课程资源，可以突出学生作为学习者的主体地位，增强课程与学生的社会生活和现实生活经验的联系。

教学活动中其他人员的经验，也是不可忽略的经验资源，如班主任、校领导的管理经验，体育场馆、器材管理人员的维护经验，学校与社会、学生家庭的交流经验等。把经验作为课程资源，可以丰富课程资源的内涵。

(二) 物力及财力资源

1. 物力资源

我国公共体育物力资源主要指以有形物质形态为表现形式的各类群众性、公共性体育资源的总称。[①]

(1) 体育场地

体育场地是指可供学生进行身体活动，参与体育竞赛及群体性体育活动开展的体育场地。体育健身工程场馆，包括以室内体育场地设施、室外灯光篮球场地及乒乓球台等体育场地为主，涵盖多种体育健身场地设施，可开展多项体育课程、一般健身活动及体育竞赛的有效场地。

(2) 教材

高校在进行公共体育课的教材建设时，最为主要的任务便是在庞杂的内容中选出与体育教学目标和学生发展需要最相符合的那一部分，并将其纳入体育教学内容之中。如此一来，高校在运用公共体育课教材来开展体育教学活动时，便能使教学内容更有针对性和目的性，从而确保体育教学取得良好的成效。

此外，高校公共体育课教材划定了学生需要学习的主要内容，不仅方便学生更有针对性和目的性地学习体育知识和体育技能，而且能够引导学生的认知发展和人格构建。因此，高校必须重视公共体育课的教材建设。

(3) 体育设施和器材

在体育教学中，对体育审视和器材开发与利用的主要作用体现在两方面：一是能够激发学生的学习兴趣，提高体育教学的质量；二是充分发掘体育器材的功能，使体育器材的教学作用最大化。由此可见，在体育课教学中，体育设施和器材的开发与利用是我国现今体育教学发展情况所决定的，是当今我国体育事业发展的必经途径，是提高我国体育课教学质量的重要保障。[②]

2. 财力资源

体育课程的财力资源是符号化了的物力资源，可以用拥有的货币量来表示。课程财力资源是指国家、地区、部门、单位等组织可以用于课程活动的货币或其他代表物质拥有的有价符号。按照来源可以分为国家政府财力、社会和企业财力、学校和其他教育机构财力，其功能是支持课程活动的顺利进行。

[①] 朱焱, 于文谦. 新时期我国公共体育资源综合配置水平评价指标体系构建 [J]. 武汉体育学院学报, 2020 (3): 5-12.

[②] 高家良, 郝子平. 体育教学理论与实践创新研究 [M]. 西安: 西北工业大学出版社, 2020: 155.

课程财力资源具有来源方面的多元化、保障方面的可持续性、管理方面的专业化等特点。体育课程的财力资源主要来源于政府财力资源、学校财力资源、社会财力资源。

(三) 运动项目资源

1. 常见的竞技运动项目

竞技运动项目因其突出的竞赛性、娱乐性和高超的技巧性等特点而深受广大青少年学生的喜爱。但是，直接将竞技运动项目全盘引进体育教学，特别是将其直接作为体育教学的内容是不合适的。公共体育课程中常见的竞技运动项目往往是进行过"改造"、符合公共体育课程要求和学生身心发展规律的体育活动，具有规则简化性、战术引导性、内容先进性、技术普适性的特征。

2. 新兴运动项目

随着现代社会的发展，人们在休闲、娱乐和健身过程中，开发了大量新兴的运动项目，如攀岩、野营、定向运动、轮滑等。这些新兴的运动项目经过选择和加工后，在保障安全的前提下，同样可以成为体育教学资源。

3. 民族民间传统体育项目

我国幅员辽阔，民族和民间体育文化源远流长，各个地区、各个民族存在着大量群众喜爱、老少皆宜的体育形式，如武术、龙舟、舞狮、珍珠球以及各种各样的体育游戏等，它们都可以通过适当的加工和改造而进入体育教学。对这些资源的开发不仅有利于形成具有地区和学校特色的体育课程，而且可以很好地将学生的生活经验与课程的学习紧密结合在一起。

(四) 媒体资源

1. 传统媒体资源

目前，我国公共体育课程的传统媒体资源主要为广播、电视、图书、报刊等大众传播媒体，这些信息源都对体育教学活动产生了不可忽视的影响。例如，美国职业篮球联赛（NBA）的激烈对抗和球星的高超技艺对学生在体育教学内容方面的态度、兴趣、情感都有潜移默化的作用。

2. 网络媒体资源

网络化体育课程资源也是不可忽视的一部分。伴随着互联网的普及以及信息化发展的不断深入，以网络技术为载体开发的校内外体育资源也不断增多，如网络体育赛事、网络体育课程等。

需要注意的是，媒体资源海量且传递便捷，确实能够丰富体育课程的内容和教学模式，但也容易使很多负面体育信息乘虚而入。因而学校开发公共体育课程的媒体资源时，必须合理筛选来自各方的信息，并选用恰当的教学手段指导学生准确辨别和处理各方的信息，设法使学生抵制负面信息的能力得到大幅度提升。

四、公共体育课程的环境资源

（一）校内资源

所谓校内体育课程资源，简单来说就是分布于学校范围内的体育课程资源。在开展体育课程时，这一类课程资源的使用是最为基本、最为直接和最为便利的。学校体育场地、体育器材设施、体育教材、校容校貌等，都属于校内体育课程资源。

（二）校外资源

所谓校外体育课程资源，简单来说就是分布于学校范围外的体育课程资源。在校内体育课程资源不足时，校外体育课程资源可以起到一定的补充作用。公共体育场馆、国内外体育活动和比赛信息、山川河流、其他学校和单位的体育设施等，都属于校外体育课程资源。

第四节　公共体育课程资源开发的方法与途径

一、公共体育课程资源开发的主要环节

体育课程资源开发的过程概括起来包括五个环节，即体育课程资源开发目的的确定、体育课程资源的普查和分析、体育课程资源的建设、体育课程资源的利用、体育课程资源利用效果的评价。

（一）体育课程资源开发目的的确定

体育课程资源开发目的是指开发者对体育课程资源开发的原因，这决定着开发者将开发哪些体育课程资源，如何开发这些资源。例如，是想通过开发条件性资源，改善体育课程的教学条件；或是想通过开发体育课程中的素材性资源，丰富体育课程内容等。不同的开发目的将会产生不同的开发方式，导致不同的开发结果。

（二）体育课程资源的普查和分析

体育课程资源开发的第二阶段就是资源的普查和分析，对现有各种资源的质量、数量和存在形式等进行普查，分析其特点，筛选出有开发价值并可以开发的资源，这些就是最原始的有待开发的体育课程资源。原始的体育课程资源有一部分可以直接被体育课程所利用，不必进行加工，而绝大多数需要我们结合具体的情况，做不同程度的加工。学生对体育课程的需要，社会对人才的需要是进行体育课程设计的依据，是重要的体育课程资源，无法进行再加工。而对于体育课程内容的选择，资源则十分丰富。健身的素材、竞技运动的素材，还有新兴体育运动、户外体育运动、野外生存等，都可以作为体育课程内容的资源，但这些资源都必须进行加工处理，才能使这种体育课程资源的效益充分地发挥出来。

（三）体育课程资源的建设

体育课程资源的建设就是对第二阶段筛选出来的原始的体育课程资源进行加工处理的过程。如体育课程资源可以通过改造、整合、创生等方式进行加工处理，使各种繁杂的原始的体育课程资源成为更加贴近我们需要的、真正的体育课程资源。

（四）体育课程资源的利用

体育课程资源的利用是体育课程资源开发的关键，它关系到体育课程资源的开发活动能否有效地为体育课程资源开发的目的服务，能否有效地为实现体育课程目标服务等。体育课程资源利用的领域包括体育课程的设计、体育课程的实施、体育课程的评价、体育课程的管理、体育课程资源利用的效率以及体育课程资源利用者的主动性、能动性和创造性。

（五）体育课程资源利用效果的评价

体育课程资源利用的评价就是对体育课程资源利用后产生效果的评价。体育课程资源开发的主要目的是为体育课程服务。通过体育课程资源的开发，是否能有效地实现体育课程目标，是否有利于提高学生的学习兴趣，是否有利于促进学生的全面发展，应该成为课程资源开发与利用效果评价的重要标准。

以上这五个环节并没有严格的先后顺序，它的先后顺序取决于开发模式。

二、公共体育课程资源开发的具体途径

（一）优化公共体育课程资源的配置

对于高校来说，必须正视体育课程资源优化配置中存在的问题，并要积极采取有效的措施来解决这些问题，确保体育课程资源真正得到优化配置，从而为体育课程以及体育教学活动顺利实施且取得良好的成果奠定重要的基础。具体而言，高校在未来进行体育课程资源优化配置时，可以采取的措施有以下几个。

1. 树立科学且正确的体育课程资源优化配置观

当前，我国对体育课程资源优化配置的研究还处于初始阶段，因而很多教师还未形成正确的课程资源观。此外，很多体育教师长期以来对体育课程的理解存在偏差，即认为体育课程的内容是固定的、封闭的，且只能在固定的场所和时间实施。在这样的体育课程理解偏差下，体育教师自然是无法树立完全正确的课程资源观的。基于此，高校在未来进行体育课程资源优化配置时，首先要引导体育教师树立科学且正确的体育课程资源观以及体育课程资源优化配置观，具体可从以下几方面着手。

第一，高校体育教师要重视课程内容与学生健康、生活及适应社会的联系，切实以全体学生的体育素质及其多元化的体育需求为依据，积极探索多元化的体育课程资源。

第二，高校体育教师要不断扩大自己的视野，绝不能将体育课程资源仅仅限制在校内、仅仅局限在体育教材，还需要积极开发与运用校外的体育课程资源，以实现体育课程结构的均衡性和综合性。

第三，高校体育教师要切实在明确体育课程目标、体育课程内容、学生运用水平、自身教育能力等的基础上，对体育课程资源进行选择、开发与运用。

第四，高校体育教师要不断优化自己的知识结构，不断提高自己的体育专业技能和体育教学水平，从而为体育课程资源的挖掘与优化配置奠定重要的基础。

2. 突出体育课程资源优化配置的地域特色

我国有着广阔的地域和复杂多样的地貌，而且学校的地域分布有着较大的差异，因而高校在对体育课程资源进行优化配置时必须突出地域特色。

具体来看，高校在配置体育课程资源时，必须以学校所在的地域、学校的实际情况、教师的教学水平以及学生的体育水平和体育需求等为依据，选择具有地域特色且优势明显的体育课程资源进行开发与利用。例如，高校所在的地

区有较多的山地丘陵，则可以开展登山运动；高校所在的地区有较广阔的草原，则可以开展骑马运动；高校所在的地区属于蒙古族聚集地区，则可以开展摔跤运动；等等。[①] 只有这样，高校才能开发出具有鲜明地域特色的体育课程资源和体育课程，确保自己的体育教学不断取得良好的成效。

3. 以"健康第一"为指导思想来选择体育课程资源

对于高校来说，可利用的体育课程资源是极为丰富的。但是，高校是不可能将所有的体育课程资源都予以有效利用的。此时，高校就面临着如何选择和优化配置体育课程资源的问题。

通常来说，高校在选择和优化配置体育课程资源时，必须坚持"健康第一"的指导思想，确保所选择和利用的体育课程资源能够切实增强学生的体质。

（二）挖掘人力资源的效用潜能

高校在对公共体育课程人力资源进行开发与利用时，应特别注意以下几个方面。

1. 高校要引导并帮助体育教师充分发挥自己的作用

在高校公共体育课程资源中，体育教师是极为重要的一个。体育教师的综合素养，在很大程度上决定着公共体育课程资源能够被识别的范围、被开发与利用的程度等。因此，必须重视开发体育教师的潜能。具体来说，可从以下几方面着手。

第一，引导并督促体育教师不断学习，从而不断完善自己的知识结构。

第二，引导体育教师重视培养自己的专业素质和能力，不断提高自己的专业化发展水平，以适应现代教育对体育教师的要求，适应当前体育课程改革的形势。

第三，帮助体育教师掌握对公共体育课程内容资源进行有效整合的方式，以便能不断创造出更有针对性和创新性的公共体育课程内容资源。

第四，学校要加大对体育教师的培训力度，使其具有更强的专业技术和更扎实的教学理论、方法和知识。另外，要加强高校体育教育专业建设，完善人才培养模式，调整课程体系，以适应体育课程改革，使毕业生的知识储备、素质、能力符合社会对体育教育专业人才的需求。

---

① 刘汉平，朱从庆. 我国高校公共体育课程教学的发展与改革探究 [M]. 长春：吉林人民出版社，2021：38.

2. 切实尊重学生的主体地位

学生是体育课程学习活动的主体，要鼓励和引导学生积极参与体育课程资源的开发。各班的体育委员、学校代表队的队员和在体育方面有一技之长的学生都是有效的人力资源。在教学和各种活动中，要充分发挥他们的热情和组织能力。对有体育特长的学生，应给他们创造机会和条件使其体育特长得以展现，如可以让他们组织学生做准备活动及辅助教师管理体育课、体育活动等。

同时，还要利用学生爱动好动的天性，激励学生积极参与课程资源的开发，让他们自己去创造新颖的、安全的、健康的、有趣的游戏，自制体育器材和教具，通过网络和媒体收集体育信息等。

高校应确保学生真正成为公共体育课程内容资源开发与利用的主体。同时，高校体育教师在教学的过程中，应积极鼓励学生以自己的生活经验为基础，创新体育游戏或体育项目，或是自制体育器材和教具。只有这样，学生作为高校公共体育课程人力资源的作用才能得到充分发挥。

3. 积极挖掘其他人力资源

人力资源的开发除了占主导作用的体育教师和主体地位的学生外，还有具有体育特长的其他学科的教师、班主任、校医、家长、社会体育指导员等。

对于有体育特长的教师，应创造机会和条件使他们的体育特长得以展示，如让其组织体育活动、指导学生运动队的训练。

让班主任号召、组织学生积极参与课内外、校内外的多种活动。

校医可为学生开展保健知识、运动损伤预防与治疗方法的讲座，或者根据学生不同的身体状况，进行个案病理分析，帮助学生制订体育锻炼方案，使其能够得到合理有效的体育锻炼。应充分利用校医或卫生保健员的特长，创造机会和条件，使其帮助、配合、支持体育教师，共同完成课程目标。

家长应发挥督促作用。通过组织家庭运动会、趣味运动比赛、休闲体育问答、亲子游戏活动、家庭体育活动站等，使学生与家长互动起来，协调学校与家庭体育活动，活跃校外体育活动。这样，既增进了学生与家长的感情，又拉近了学校和家长的距离，同时，这些活动又在一定程度上实现了全民健身计划。

另外，还可聘请校外体育专家、教练员指导学校体育工作，邀请一些著名的运动员进行体育表演。

（三）提高物力资源的利用率

除了人力资源，物力资源即体育场地、体育器材等也是高校公共体育课程条件资源的构成部分之一。在当前，由于受到教育经费的影响，很多高校的物力资源是比较缺乏的，而且这一现象在短期内是无法得到有效解决的。基于此，高校必须重视对各种公共体育课程的物力资源进行积极开发与有效利用。具体来说，高校开发与利用公共体育课程物力资源的途径主要有以下几个。

第一，高校要积极探索现有体育器材的多样功能，即尽可能将相同的体育器材用于不同的体育教学之中。比如，跨栏架可以用来跨栏，也可以用作钻爬的障碍等。

第二，高校要以自身的实际条件为基础，对一些简易的体育器材进行制作。比如，在废弃的乒乓球上穿线绳，做推挡、攻球练习。

第三，高校要注意对体育场地进行合理的改造，以便其能够发挥多样化的功能。比如，篮球场除了可以上篮球课程，也可以经过改造后开展排球、羽毛球等体育活动。要指出的一点是，高校在对体育场地进行改造时，必须保证其安全性。

第四，高校要在条件允许的情况下，对学校周围的公共体育场地和器材设施进行有效的运用。

(四) 科学管理体育经费与资金

1. 提高采购行为的规范化

每年高校体育设施和器材的采购花费是一笔不小的开支，采购的质量和渠道对高校有限的体育经费是否能够充分发挥作用会产生非常重要的影响。鉴于此，就要求将这些经济交往中的不正常行为加以杜绝，并且买到物美价廉的产品，增加采购透明度，提高采购行为的规范性。

2. 最大限度减耗增效

为了降低采购体育经费，要正确发挥体育设施和器材的作用，把其损耗降低到最低。但是，不可否认的是，只要设施和器材被使用就肯定会有损耗。因此，这就要求一定要在管理方面加大力度，建立健全的体育设施和器材管理制度，规范设施和器材管理，使不必要的损失尽可能减少。[①]

3. 严格管控体育场馆经费

为了能将运行体育场馆的经费落到实处，必须有专人对资金的使用和流动方向进行严密监管。尽管监管可能会让执行人有不被信任的感觉，但从制度上来说监管仍旧有必要，其根本目的在于维持体育场馆的各方面正常运行，因此就要求这种监管要系统全面、精打细算、勤俭节约。

---

① 陈兴雷, 高凤霞. 高校体育教育与管理理论探索 [M]. 天津: 天津科学技术出版社, 2022: 96.

（五）发展公共体育在线课程资源

1. 制定科学的在线课程建设规划

基于体育在线课程资源开发存在的不科学现象，我们要积极推动体育在线课程资源开发规划的科学性，既要注重宏观规划，又要聚焦微观落实。

宏观层面，国家和各地教育行政管理部门、科研部门等，要基于国家相关政策，充分调研不同地区体育在线课程资源开发现状、体育在线课程资源需求情况等，并审时度势，基于信息化时代网络教育发展大趋势，从宏观层面制定出在线课程资源开发的规划，包括在线课程开发与建设的一般原则、总的目标，并对开发进度、阶段性的建设成果等进行宏观引领。[①]

微观层面，规划要具体落实到各个高校。各个高校要基于自身的办学特色，以及体育教学要达到的目标，综合国家层面的在线课程资源开发总的指导精神，贴近校情、学情实际，推动体育在线课程资源开发，既要做到重点突出，又要兼顾各个项目在线课程资源开发的覆盖率。

2. 采取合理的课程教学设计

课程教学设计是实现体育在线课程资源开发目的的具体层面，它涉及在线课程的具体操作和实施。这就需要我们基于在线学习教育新生态，不断优化体育在线课程教学设计，使课程教学设计更加科学合理。

体育在线课程教学的内容设计要进行准确的课程定位，明确课程教学目标，从而以教材为依托，深化主题课程学习，以知识点构建学习板块。这样可以通过微课的方式聚焦关键知识点，从而实现对传统教学设计的突破，让学生在一个个知识点过关式的学习中，不断将体育学习推向更深层次。每一个知识点教学模块，要注重嵌入相关的学习检测，提供学生交流窗口，从而为学生提供学习互动的机会。

课程教学设计时，要针对网络学习的特点，借鉴传统课堂教学设计的优势，推动网络学习环境下互助学习和远程协作优势。体育在线课程资源开发过程中，要针对准备阶段、实施阶段、终结阶段等不同的教学环节，细化课程教学设计。准备阶段，重点落实学生学习任务设计、任务分工设计与学习共同体建设；实施环节，要注重学习流程设计、学习行为设计、学习互动设计、学习任务生成设计等；终结性环节，重点落实阶段性评价和结果评价。

3. 建立相匹配的评价机制

体育在线课程资源的开发要基于自身的特点，建立起与之相匹配的评价机

---

① 赵原. 体育在线课程资源开发研究 [J]. 教育现代化, 2019 (49): 132-135.

制，应着重从三个环节实施课程资源开发评价。

资格评价阶段，要依据精品课程评审的标准与规范等，重点评价课程建设基础有没有完备，课程定位是否科学，内容组织是否合理，教学方法选用是否得当，教学资源的完善度如何等。

应用评价阶段，要重点对课程的应用效果、课程资源可持续建设、课程内容更新等进行评价，推广应用评价阶段，要积极推动课程开发者和学习对象的互动，从而全面了解课程资源应用信息，并为课程资源的优化提供依据，并扩大课程资源的影响力、渗透力。

建设验收阶段，评价维度要广泛，既要从课程建设、课程改革角度，又要立足于学生发展和教师的成长，甚至是课程资源的社会影响力和持久影响力。

第三章　公共体育课程教学基本方法

研究公共体育课程教学创新的相关问题，必然离不开教学基本方法的创新，正确的方法能够发挥事半功倍的作用，能够有效提高教学效率，推动公共体育教学的高质量发展进程。基于此，本章将介绍公共体育课程教学基本方法。

第一节　体育教学方法概述

一、体育教学方法的基本概念

体育教学方法是构成体育教学活动的重要因素之一，在体育教学活动中起着至关重要的作用，它决定一节体育课的质量。在不同的时期，不同的专家学者对体育教学方法概念有不同的看法。20世纪80年代，金钦昌认为体育教学方法包括教师的教法和学生的学法；20世纪90年代，吴志超等提出体育教学方法是实现体育教学任务或目标的方式、途径、手段的总称；21世纪，刘云旭认为体育教学是师生双边互动、教与学相互作用的、技术性的教学活动。[1]

从整体来看，方法服务于目的，教学方法最终目的是要促进学生的学习。其次，它不是指教师的单边教学活动，其本质是师生的双边互动，是教学方法概念的核心。在"健康第一"的指导思想下，教师在关注学生知识学习的同时多关注学生情感和体验，促进了师生交流，激发学习兴趣，使课堂氛围变得生动活泼，出现乐学、愿学的局面，彰显出体育课的内在魅力。

---

[1] 李进文. 高校体育教学与体育文化融合发展研究［M］. 北京：中国原子能出版传媒有限公司，2021：100.

二、体育教学方法的具体分类

（一）以外部形态为分类标准

根据体育教学方法外部形态差异，体育教学方法分为表3-1中的几种类型，这几种方法在高校体育教学中都得到了充分的利用。

表3-1 体育教学方法的分类

教学方法分类	具体方法
以语言传递信息为主	讲解法、问答法、讨论法等
以直接感知为主	示范法、演示法、保护与帮助法等
以身体练习为主	完整法、分解法、循环法等
以探究性活动为主	发现法、问题探究法、小群体学习法等
以比赛活动为主	情景法、比赛法、游戏法等

（二）以学科特性为分类标准

依据体育学科的特性，可以将体育教学方法分为"教法"和"学练法"两大类。其中学练法主要包括学法和练法，练习方法非常重要，因为体育教学具有极强的操作性，在实践活动中这一练习方法是必然存在的。改革体育教学方法的一个重要目的就是促进体育教学目标的实现。在高校体育教学中，"知识与技能"是体育教学目标的主线，基于这一主线而延伸出很多具体的教学目标，一般可以在体育技能学习中穿插一些体育知识，从而一起实现技能目标与知识目标。[1]

（三）以指导思想为分类标准

根据体育教学的指导思想，可以将体育教学方法划分为以下两种类型：

1. 原理性体育教学方法

这类体育教学方法主要是综合性教法，如问题学习法、程序教学法等，具有原理指导性是这类教学方法最突出的特点。原理性体育教学方法是在新的教

---

[1] 李建春. 基于素质教育视角的高校体育教学改革与发展探索 [M]. 北京：中国书籍出版社，2022：134.

学思想的指导下形成的,也是以新的教学理念为指导而解决体育教学实践问题的,是教学思想与教学观念在体育教学实践中直接转化的结果。

2. 操作性体育教学方法

操作性体育教学方法是指在体育课堂上运用的具体教法,如口头讲解法、教具演示法、各种练习法等。操作性教学方法可以在大部分体育课上使用,通常都能取得不错的效果。操作性体育教学方法可以说是最具基础性的教学方法,几乎适用于任何体育教学内容,教师在体育课堂教学中选用这些具体的操作性教学方法时,要充分考虑体育课堂教学情境,采用的教学方法要与教学情境相契合。

实践充分表明,在体育教学过程中使用最多的教学方法就是操作性教学方法,因此在有关体育教学方法类型划分的研究中,专门在这类教学方法的基础上进行分类的研究占据着很大的比例。[①]

根据指导思想对体育教学方法进行分类,有助于体育教师对体育教学方法的功能与意义形成整体的认识,并从宏观上去把握。体育教师认识各类体育教学方法的功能后,就要根据课堂教学需要来加以选用,为了优化教学方法在课堂上的运用效果,需要进一步细分教学方法,如以教学目标为依据,将上述第一类教学方法具体划分为知识型和能力型教法。不论是哪种教学方法的利用,其目的都是更好地实现既定的教学目标,取得理想的教学效果。

三、体育教学方法的基本特征

(一) 实践操作性

与其他学科不同,体育学科的学习更多时候需要学生进行各种各样的身体练习,具有很强的实践操作性,因此,教师在选择教学方法时应充分考虑学生开展身体活动的可操作性,同时应考虑客观的体育教学条件能否为教学方法设计的体育教学活动组织提供必要的物质支持。

体育教学方法的实践操作性受体育身体活动的基本性质影响,同时,也受学生参与体育活动的形式的影响。教师选择与设计教学方法时,应结合具体教学实际对教学方法进行必要的调整,如果教学方法中的某一个环节和形式安排可能在接下来的教学活动开展中受阻,则教师应该灵活变通。总之,不能让教学方法停留在理论层面,而应落到教学实践中,符合教学实际。

---

① 邱君芳. 高校学术研究论著丛刊 艺术体育 互联网视域下体育教学体系建设 [M]. 北京:中国书籍出版社,2021:114.

(二) 多感官参与性

体育活动的开展过程是师生的身体活动参与过程，教师与学生进行各种体育技术动作练习，都需要充分调动身体各部位的组织和系统的功能。例如，教师通过动作示范教授学生某一项具体的体育运动项目的技术动作，学生要利用眼睛去看动作、利用耳朵去听讲解、利用肢体去感受动作。因此，体育学练的过程，也是学生身体多感官共同参与的过程。

在体育教学中，为了获得良好的体育教学效果，体育教师在选择和运用教学方法时应注意教学方法能否充分调动起学生的多种感官的积极参与，优化教学效果。体育教学方法对学生的多感官的体育调动与参与主要表现如下。

第一，体育学习需要学生运用思维、感知、记忆和想象，需要学生用眼睛、耳朵以及肢体等感受运动的方向、力度的大小和动作的幅度等，进而形成正确的动作定式。

第二，在形成正确的动作定式的基础上，将所接收到的教学信息进行整理、分析，协同大脑思维活动，指挥身体的各器官完成相应的动作，并通过不断重复技术动作，最终使动作技术正确而精细。

(三) 时空功效性

体育教学方法的各教学实施阶段都表现出体育活动的时空功效性特点以及教学的时空特点。体育教学开始阶段，教师作为教学主导者，指导学生进行相应的学习活动，进行相应的分析、示范和指导。体育教学期间，教学活动的主体发生了相应的变化，学生的主体作用在不断增强，学生通过认知、分析和练习，掌握相应的知识和技能。体育教学结束阶段，教师进行相应的总结和分析，对学生的学习过程、学习效果进行客观、全面的评价与分析，并预告下次教学内容，实现本次课与下次课的时空衔接。

四、体育教学方法的选用依据

(一) 依据教学目的与教学任务

为达成不同课程的教学目的与教学任务，教师需要采用不同的体育教学方法。如新授课时的语言法、直观法；复习课时的练习法、比赛法；单元的前段课时的发现法、游戏法，后段课时的小群体法和比赛法。

(二) 依据教材内容的主要特点

一般说来,不同性质的教材内容要求采用不同的教学方法,如器械体操、田径、球类、集体项目和含有重要科学原理的运动项目等分别要采用针对性的方法。体育教师应在仔细分析教材的基础上,根据教材性质和具体内容的特点,灵活而有创造性地选择适当的体育教学方法。

(三) 依据学生的实际情况

应用体育教学方法的最根本目的是使学生能更有效地学习,而不是教师的一种"展示"。因此,选择体育教学方法要考虑学生的身心发展特征,是否对学生有帮助。

(四) 依据教师本身条件和特点

有的教学方法虽好,但如果实施的教师缺乏必要的素养,仍然不能产生良好的教学效果。教师应根据自己的实际优势,扬长避短,采用与自己条件相适应的教学方法。各种方法,只有和教师自身的条件和特点密切结合时才能取得最佳的效果。

(五) 依据教学方法的具体特性

教学方法不是万能的,都有各自的独特功能、适用范围和使用条件的限制,有各自的优点和缺点。它受教学过程中各种因素的影响,可能有时有非常好的教学效果,有时事与愿违,所以有教无定法之说。

五、体育教学方法的心理学理论

(一) 格式塔心理学理论

格式塔主义是 20 世纪初在德国出现的反对冯特 (W. Wundt) 构造主义的一个学派,诞生于 1912 年。"格式塔"是德文"Gestalt"一词的音译,意思为"形式""形状",心理学中用这个词表示任何一种被分离的整体。格式塔也被译为完形。格式塔派认为,人的心理意识活动都是先验的"完形",即"具有内在规律的完整的历程",是先于人的经验而存在的,是人的经验的先决条件。人所知觉的外界事物和运动都是完形的作用。人和动物的智慧行为是一种新完形的突然出现,被称为"顿悟"。

格式塔心理学强调经验和行为的整体性,认为整体不等于部分之和,意识不等于感觉元素的集合，行为不等于反射弧的循环。格式塔心理学认为，知觉到的东西要大于眼睛见到的东西；任何一种经验的现象，其中的每一成分都牵连到其他成分，每一成分之所以有其特性，是因为它与其他部分具有一定关系。由此构成的整体，并不取决于其个别的元素，而是取决于整体的内在特性。

格式塔心理学理论对体育学习的启示：

第一，顿悟学习可以避免某些失误，同时又有助于迁移。通过对问题情境的内在性质有所顿悟的方式来解决问题，就可以避免与这一问题情境不相干的大量随机的、盲目的行动，而且有利于把学习所得迁移到新的问题情境中去。顿悟学习强调学生自身的思考和领悟，学生通过对新运动技能的思考，调动以往的知识和经验，原有运动迁移促进新运动技能的学习，使得新的技能学习更快速与准确，缩短技能形成时间，减少新技能学习中的错误动作，并且通过顿悟学习迁移而来的运动技能继续不断迁移到新技能学习，形成良性循环。

第二，真正的学习是不会遗忘的。通过顿悟获得的理解，不仅有助于迁移，而且不容易被遗忘。顿悟将成为人们知识技能中永久的部分。用现代认知信息加工心理学的术语来说，顿悟的内容进入了长时记忆，将永远保留在学习者的头脑中。顿悟学习而来的知识与技能来自学习对知识的独立思考，由独立思考而来的学习成果促使学生产生成就感，这种成就感增强学生学习的自信心，使学生对学习充满浓厚的兴趣。体育学习浓厚兴趣引导学生继续坚持体育学习，不断技能迁移，又促进运动动作的记忆。学习过游泳的人，即使长时间不游泳，入水后仍然会游泳，这就是运动学习的长时记忆。

第三，创造性思维。学习贵在打破旧有知识和模式的束缚，争取在对问题领悟的基础上产生顿悟，掌握解决问题的原则，做到触类旁通、举一反三，促进智力水平的提高。以健美操学习为例，健美操学习最初是进行组合套路动作的学习，经过多套组合成套路动作学习后，学生可以从原有套路中提取某些动作并与其他套路中的动作组合形成新的套路动作，这就是最初的套路创编。在不断的学习中，学生通过思考健美操套路的创编原则与技巧，激发创造能力，创编出新的套路，从而实现健美操套路创编与动作创新。

(二) 期望理论

期望理论认为，在任何组织中，成员会注意如下三个问题：（1）如果我努力的话，我能不能达到组织要求的工作绩效水平；（2）如果我尽力达到了这一绩效水平，组织会给我什么样的报酬或奖赏；（3）我对这种报酬或奖赏有何感想，是不是我所迫切希望得到的。相当于人们预计某一行为能给个人带来既定结果，并且这种结果对个体具有吸引力时，个人才会采取这一特定行为。即个人是否采取某一特定的行为并为之付出一定的努力取决于三个方面的问题：

（1）个体感到通过一定程度的努力而达到一定成绩和效果的可能性，即"努力—绩效的联系"；

（2）第二，个体对于达到一定绩效后可获得的结果或奖赏是否理想，即"绩效—奖励的联系"；

（3）第三，个体所获得的奖赏或潜在的结果对个体的重要程度，或者说与个人的目标和需要是否相关，即"奖励—个人目标的关系"。

这一理论可用公式表示为：激励力量（M）= 效价（V）×期望值（E）。其中 M 代表激励力，是指直接推动或使人们采取某一行动的内驱力；V 代表效价，是指个人对某一行动成果的价值评价，它反映个人对某一成果或奖酬的重视与渴望程度；E 代表期望值，是指个人对某一行为导致特定成果的可能性或概率的估计与判断。这一公式表明某一活动对个体的激励力度，取决于该活动的结果给此人带来的价值以及实现这一结果的可能性，只有当 V（效价）和 E（期望值）均为最大值时，M（激励力）才是最大值。因此，目标价值越大，实现目标的概率越高，激发的动机就越强烈。

期望效应在学校教育中表现得非常明显。受老师喜爱或关注的学生，一段时间内学习成绩或其他方面都有很大进步，而受老师漠视甚至歧视的学生就有可能从此一蹶不振。一些优秀的老师也在不知不觉中运用期待效应来帮助后进生。

第二节 任务型公共体育课程教学

一、任务型教学法概述

20 世纪 80 年代，任务型教学法开始逐渐发展，并广泛应用于语言教学当中。任务型教学法指以具体的任务为学习动力或动机，以完成任务的过程为学习过程，以展示任务成果的方式来体现教学效果的教学方式。

任务型教学理论认为，掌握语言大多是在活动中使用语言的结果，而不是单纯训练语言技能和学习语言知识的结果。[1] 在教学活动中，教师应当围绕特

---

[1] 刘雨蓓. ESP 教学方法改革与教师专业发展研究 [M]. 青岛：中国海洋大学出版社，2019：85.

定的交际和语言项目，设计出具体的、可操作的任务，学生通过表达、沟通、交涉、解释、询问等各种语言活动形式来完成任务，以达到学习和掌握语言的目的。

二、任务型公共体育课程教学可行性

（一）任务型教学法以学生为中心

在任务型大学体育教学中，每一名学生都是任务的参与者，并组成小组或团队，他们之间共同学习、相互协作和相互监督。在此过程中，他们也要进行自我评价和自我控制，以增强责任感。同时，体育教学以学生为主体，要求学生积极主动地完成老师指派的任务，体现了自主学习的教学理念，有助于培养学生获取知识和实践的能力。

（二）任务型教学法营造自主学习氛围

在任务型教学过程中，学生是知识意义的积极建构者，担任着执行者和参与者的角色。教师是教学过程中的协调者和设计者。学生自主学习的积极性被激发，学生带着任务进行学习，学生对不清楚的动作技能也可充分利用智能手机和网络进行学习，这一过程培养了自主学习的能力，有利于营造轻松愉快的学习环境和交流平台。

（三）运动技能的运用主要由任务始动

在参与运动项目过程中，学生表现出来完成运动项目的能力就是运动技能，换而言之，当任务需要时运动技能才表现出来。为了形成运动技能，依据运动技能形成的规律，在运动技能形成的分化阶段，学生需要练习大量的单项技能，这时候任务教学法就能体现出它的优势。

（四）有利于学生意志品质的培养

教书育人，育人始终是教育的第一位，体育有独特的塑造人品格的功能，任务型教学法可以有效培养学习者坚韧不拔、勇往直前、奋勇争先和团结一致等优秀的意志品质，例如：在篮球教学中，任务目标要求学生以小组为单位，采用接力投篮的方式，要求每个人轮流投进一球。学生通常从试投、失败中不断进取，直到成功，这会使学生获得"运动高峰体验"，同时也有利于塑造其坚韧不拔的品格。

三、任务型公共体育课程教学策略

（一）完善课前准备，明确教学目标

教学目标是教学过程的重要导向，同时也是开展教学活动的基本线索。所以在任务式教学中，首要环节就是设置恰当的教学目标。为了保障目标的合理性，教师需要进行完善的课前准备。只有以此为基础设置教学目标，才能更加契合实际的教学情况以及学生的学习需要，从而为任务式教学的顺利开展提供必要前提条件。

在任务式教学中进行课前准备时，教师需要注意以下两点：

第一，转变体育知识观，丰富教学内容。教师在设置教学目标时，应避免过多重视体育技术动作的教学，而应着眼于学生的全面发展。一方面，可以融合体育学科的相关知识。比如：教师可以讲授体育保健知识，引导学生学习运动不足对身体会造成哪些危害。另一方面，体育教学目标可以突出体育学科和其他学科之间的联系。比如，教师引导学生学习足球弧线的内容时可以适当联系"力"的知识。

第二，依据学生的基础。只有根据学生的基础开展教学活动，才能调动学生的认知经验，并将新旧知识联系起来，从而帮助学生学习新知识。这样可以更好地实现知识学习之间的过渡。同时，只有了解了学生已经学习了什么，才能把握学生的"最近发展区"，进而明确学生需要在哪些方面提高。比如：教学排球之前，可以进行一些简单的发球、垫球测试；教学健美操之前，可以先了解学生的步法。总之，为了设置恰当的教学目标，进行完善的课前准备是极为重要的。

（二）尊重学生主体，组织自主探究

任务式教学强调要尊重学生的主体性。在这一原则的指导下，教师要改变传统的教学方式，将学习活动的主动权交给学生，并鼓励学生进行大胆的想象与尝试。同时，教师要结合教学内容设计一些问题型的学习任务，以此来给学生的探究活动提供一定的线索。这种方式可以使学生的能动性得到充分发挥，并使学生明确探究的重点，从而帮助学生取得事半功倍的学习效果。

比如：教学篮球中的"行进间单手肩上低手投篮"时，教师引导学生初步建立整体的动作印象之后，结合教学内容可以设计以下问题：

1. 在运球行进的过程中，如果遇到了防守，应该采取怎样的应对策略？
2. 在进行投篮时，如果投篮的角度不好应该怎样处理？

学生结合自己的理解进行思考后回答问题。教师在此过程中一定程度上引导学生实现对"行进间传球""变向低手投篮"等新知识的迁移。之后，教师应组织学生进行交流讨论，让学生在运动实践当中进一步思考了自己对问题的理解是否准确。这一过程使学生的不同观点实现了交流碰撞，从而扩大了学生的认识，使学生产生了新的学习思路。

（三）注重任务拓展，培养体育素养

教学模式单一是阻碍教学质量提高的重要因素。为了应对这一问题，教师在体育教学中除了设置单一的知识探究性的学习任务之外，还需要进一步增强学习任务的灵活性与个别性。因此，在任务式教学中，教师应有意识地进行学习任务的拓展，设计多样化的学习任务。利用这种方式，教师可以引导学生从不同角度进行思考，从而促进学生综合体育素养的发展。

下面就以户外拓展训练任务为例进行分析。

高校领导是高校各项教育教学发展规划的直接制定者，其各项意见的提出都将对高校的教育教学管理工作极具导向作用。[①] 为此，应不断提升领导对户外拓展训练的重视程度，使高校领导认识到户外拓展训练是新时期高校体育教学创新改革的一个重要突破口，并且基于户外拓展训练各方面优势作用的发挥，在开展户外拓展训练过程中能够更好地实现对学生团结合作精神、吃苦耐劳精神、坚强的意志力、交流能力、良好生活习惯等的全面培育，使学生在锻炼过程中实现精神、身体的全面放松，从而达到体育德育的目的。这对于学生综合素质的提升是极为有益的，更是其他科目教学所难以达到的。以此来为户外拓展训练后续各项工作的实施提供坚强的领导后盾，使其各项工作都处于领导的科学领导和指挥下来得以有序实施。

教育资源投入是支持户外拓展训练开展的重要基础性保障。在加强领导重视的基础上，高校领导要在对有限教育教学资源进行科学配置的基础上，适当增加对户外拓展训练的投资比例。同时为确保户外拓展训练活动的全面实施，还要积极拓展教育经费来源。一方面，可以通过向当地教育部门申请专项活动经费，来获取部分户外拓展训练专项经费。另一方面，还可以充分利用校企联合教学模式的优势，使企业与学校一同举办规模性的户外拓展训练营，并给予企业一定的冠名权等，借助企业雄厚的财力支持实现户外拓展训练活动的开展。此外企业的加入更有助于社会专业户外体育运动人士的加入，以此来实现

---

① 邓强松. 户外拓展训练在高校体育教学中的价值体现及实施研究 [J]. 当代体育科技，2020 (6)：26-27.

高校户外拓展训练师资队伍的扩充。

教师组织学生进行户外拓展训练，高校相关主体就应完善教学管理。一是要结合高校以及高校周边现有体育训练资源，加强对拓展训练项目及内容的提前考察，以此来确保各项体育教学资源都能够得到充分的利用。二是要对户外拓展训练实施项目予以合理选择，使其能够与高校的体育教学需求以及实际高度相符，不仅具有很好的热身效果，且风险相对较低，具有很好的安全性和可控性。三是要加强实施管理。要建立专门的管理机构用于对拓展训练实施情况的综合管理工作，确保经费、设施的投入得当，流程的设计性，过程的监督性，以此来促进户外拓展训练的有序、稳定实施。

第三节　体验式公共体育课程教学

一、体验式教学法概述

（一）体验与体验式教学法

体验是一种经验与感受，是体验者在亲身经历某种情境之后所获得的一定经验与感受，并且在自身阅历增加之后，能够对他人的经验与感受产生共情的必要条件。从体验对主体的身心影响上区分，体验包括积极体验和消极体验。从主体体验的不同程度区分，体验包括模糊体验、具体体验、升华体验三个层次。按体验的内容不同，其分为知识体验、能力体验、情感体验、美感体验、道德体验。情感体验分为"感性"和"理性"体验两种。按照体验的程度不同分，体验包括感官体验、思维体验、情感体验、行为体验。感官体验是以知觉体验为主的一个完整的感官综合体，是体验式教学的基础解读。思维体验分为思维的发散体验与思维的聚拢体验。发散体验是集思广益、增长眼界、拓宽思维的体验思考过程，在思考体验中了解探究。聚拢体验是提高知识与思想情感的认可程度，在体验中明确方向的重要环节，在归纳总结体验中升华。

体验式教学是一种教学方法，教师使学生进入一个直接或者间接的真实情境中，进而使学生从中获得一定的体验经验及体验感受，从而能够让学生对于教学内容及现象产生共情和认识，最终帮助学生形成正确的价值判断及行为选择。

(二) 体验式教学法的主要特征

1. 体验性

体验式教学以体验为主。自然地，体验性是体验式教学的最大特征。在体验式教学中，首先是创设体验情境，其次是让学生在情境中进行充分的体验，最后是让学生在体验中得到全面发展。在这一教学模式中，体验是核心，情境的创设是为体验服务的，是体验的必要条件，而发展是体验的目的。在体验式教学中，体验伴随着整个教学过程，并发挥着其他教学方式所不能替代的作用。

2. 整体性

体验式教学强调情境的完整性、体验的充分性、发展的全面性，所以，体验式教学具有整体性特征。

情境的完整性为：体验式教学要求在教学活动中，教师创设具体的情境，且最好是饱满的、丰富的、生动的、完整的情境场，在情境场中让学生充分体验。

体验的充分性为：体验式教学提倡让学生在完整的情境场中进行充分体验。这种充分的体验主要包括三个方面：一是利用多种感官进行体验；二是调动已有的多种经验进行体验；三是在体验中得到多重感悟。

发展的全面性为：体验式教学的目的是促进人的全面发展。这种全面发展既包括知识和技能的发展，又包括过程和方法的发展，还包括情感、态度和价值观的发展。

3. 独特性

体验式教学既有整体性，又有独特性。体验式教学的独特性具体表现为：在体验式教学中，体验者由于兴趣、生活经历、已有知识和价值观等不同，对体验情境的关注点和关注度也会不同。因此，体验者常常会产生一些独特的体悟。

4. 开放性

体验式教学的开放性具体表现在以下方面：第一，体验主体的开放，体验式教学中的主体是学生，在体验式教学中必须充分发挥学生的主体作用，努力营造自主、自由、积极、快乐的氛围；第二，体验目标的开放，体验式教学中的目标是多样性的，有知识与技能目标，有过程与方法目标，还有情感态度与价值观目标，所以，体验式教学的目标是开放的；第三，体验内容的开放，体验式教学中的体验内容以情境为基础，而体验的情境必须开放，可以是当前的，也可以是过去和未来的；可以是生活情境、社会情境，也可以是自然情境；可以是实际情境，也可以是虚拟情境；第四，体验形式的开放，体验式教学中的体验形式应不拘一格，可以是直接体验，也可以是间接体验，可以是封闭体验，也可以是开放体验，等等。

（三）体验式教学法的应用原则

1. 准确性原则

在体验式教学法中，体验内容本身十分重要，因此在体验活动内容的选择上，必须遵循准确性的原则，坚持准确的、真实可靠的体验案例来源。网络化发展一方面便于教师搜集许多信息，但同时，网络上的信息化碎片，也会影响所搜集信息的可靠性。因此在体验案例的信息来源上，教师要选择主、官方渠道，切忌主观臆断，被虚假信息所误导，给学生带来不良的影响。

2. 适当性原则

鉴于体验式教学法的优点，许多教师偏爱体验式教学，但不是所有的教学内容都适合这一教学法，也并非这一教学法没有不足，体验式教学毕竟具有特殊性，无法以一概全。因此要根据教学目标以及教学内容来判断是否适合采用体验式教学。

其次，进行体验式教学的次数和时间也要适度，所谓体验式教学法并不是贯穿于整个课堂，而是要配合其他教学方法共同进行，因此不能用体验"塞满"整个课堂，只注重实践体验，而忽视体育课的理论性和思想性。

另外，根据教学进度和实际情况，开展体验式教学的时机也要恰当，只有为体验式教学营造良好氛围后进行体验，才能取得良好的效果。

3. 系统性原则

对体验式教学法，很多人存在误区，以为体验式教学就是简单的实践活动，其实并不然，体验式教学和实践教学有联系也有区别。体验式教学法是一套系统、规范的教学程序。因此，体育教师在应用体验式教学法的过程中应当完善体育教学环节设计。

二、体验式公共体育课程教学策略

（一）转换教师与学生角色

为进一步培养学生的组织协调能力与创新精神，在相应的教学环节，体育教师可以安排一些学生暂代教师工作，进而由其领导其他学生进行相关动作的学习与练习。尤其是在体育教学的准备阶段中，由学生带领其他同学进行热身活动，不仅能够给寻常的准备活动阶段增添更多的活力，同时还能够锻炼一些同学的组织指挥能力。此外，学生对各体育技能的穿插与重新组合安排无疑将会在很大程度上提高学生学习的兴趣与积极程度。

(二) 完善教学形式与内容

体育教学过程中，教学内容与教学形式的过于守旧难免会在很大程度上影响到体育教学的预期成效，过于严肃紧张的学习氛围也极易造成部分学生心理的过度压抑与被动性。为此，体育教师在整个教学过程中应尽可能为学生营造出一种较为愉悦的氛围和环境。课前提前对教学场地和相关体育器材进行整理，这可以进一步激发学生的参与积极性；对相关教学内容和动作进行简化和归纳，这可以进一步节省学生对相关动作要领的领悟和理解时间；通过音响、电视等相应工具来促进教学形式的多样化，这可以进一步增强体育教学课堂的活跃性。

(三) 以体验式教学完善教学模式

在体育体验式教学模式下，教师可以依据相应的教学目的创建出一些与当前体育教学内容紧密相关的问题或话题。较为新奇的场景与相关材料无疑将会在很大程度上激发学生探索的好奇心和求知欲。此外，除了对相关教学内容理论的探索和创新之外，动作要领的探索在体育教学中也显得十分重要。在何种方式、何种条件下，学生可能会将相应动作完成得更加完美、怎样的结组方式才能使团队的协作能力发挥得更加淋漓尽致等，这些问题的探索与解决无疑只有通过亲身实践才能获得更为可靠真实的统计数据，进而得出更为科学合理的结论。在教学过程中，教师还可引导学生对一些体育初步结论进行探讨和交流，通过相应的实践与深入的认识和了解对结论存在的欠缺与不足进行弥补与修正，最终总结出更为完善准确的体育结论。可以说，体验过程中逐步完善体育教学模式不仅是对传统教学模式的一种创新，同时也是体验式教学模式的一个重要体现。

(四) 建设高校体育拓展课程体系

开展体育拓展课程是培养大学生思想与道德修养、智育开发、坚忍能力、竞争意识和团队协作的重要途径，符合高校人才培养目标，一门好的拓展课不仅仅能够为大学生提供身体练习的机会，而且能够打破传统体育教学模式，作为一种全新体验式教学模式，还能够弥补体育课程中重体轻育的现状。

1. 体育拓展课程目标

在体育拓展课程这种体验式教学过程中，培养和熏陶学生走上社会后需要的团队协作、人际交往、社会信任等方面的综合能力十分重要。与此同时，相关教育主体应建立科学的课程实施和评价流程，监控学生学习效果，优化教师教学效能。

2. 体育拓展课程内容

结合本科院校人才培养目标，翟鲁波等确立了熔炼团队、合作学习以及信任三个主题进行体育拓展课程的学习内容，课程安排上由浅入深、由难到易，根据学校的场地选择适合的项目，并依据拓展项目的危险等级分类，从零风险的理论过程过渡到等级二的低风险训练项目，如齐眉棍、不倒森林等，再到以团队挑战为主，同时会有智力和体力的挑战的等级三的项目，如盲人方阵、穿越电网等，最终到需要团队共同参与，激发个人潜能的较高风险的训练项目，如信任背摔。①

3. 体育拓展课程实施

教师应将拓展项目按照功能分类纳入高校体育教学体系，渗透于课堂教学之中，以课程模块的形式分类展开。根据学生的生理和心理特点，围绕通识教育要求制定科学的教学体系，分阶段、分任务实施；同时注重克服拓展课程教学中体能活动不足的劣势，在课堂后半部分设计专门的体能训练。

课程实施分为课程预估、课程讲授、课后反馈和课程评价四个部分，教师可选择这个阶段学生所需要提高的团队协作、人际交往及信任三个主题进行项目设计，以便能够有效地达成体育与健康课程标准的目标。

在课程讲授过程中，教师可以打破男女生分班授课的形式，建立每个团队12~16名学员的学习制度，将整个学习的过程中的体验作为关键环节，分享作为整个过程中的重点。在体验之初，教师简明扼要地讲清楚预设情境；体验中，教师作为观察者的角色，仔细观察学生的语言、肢体动作，并做好相关记录，以便在分享过程中帮助学生回忆当时的情形。同时，教师还需要把控整个项目的进程，随时根据实际情况调整项目的难易程度，以便于学生获得最佳体验；体验后，教师组织学生进行小组讨论，再通过团队中两名学生发言的方式让学生提出自己的想法和问题，锻炼学生思考能力和表达能力。

---

① 翟鲁波，杨正阳，陈立军. 高校体育体验式教学课程体系构建研究 [J]. 文体用品与科技，2019（18）：95-96.

第四节　合作式公共体育课程教学

一、合作式教学法概述

合作式教学法在 20 世纪 70 年代逐渐在美国兴起，也是自主学习形式的一种，根源于早年杜威的"民主主义教育"思想。经过十多年的快速发展后在全世界范围内引起广泛关注。

我国在 20 世纪 80 年代中后期开始逐渐在国内介绍这种新型自主式教学方法，20 世纪 90 年代之后开始在部分学校开始尝试进行教学，但是真正的广泛开展还是在 21 世纪初。

合作学习是相对"个体学习"而言的，指的是学生在小组或团队中为了完成共同的任务，有明确的责任分工的互助性学习。合作式教学对于教学过程具有重要的意义，特别是有助于学生合作精神、团队精神的培养，有助于学生开阔思维，提高智力，引起学生的思维共鸣，提高他们的学习效益；在合作过程中，提高学生的思考能力和创新能力，集思广益，互相启发，互相评价，相互激励，取长补短；集中教师的注意力，将重心由班级整体转移到参与小组，进而深入到小组成员个体；合作教学法可以将参与的机会提供给每一个参与学生，个体将会具有更多的发言、交流、合作和评价等机会，弥补班级教学的局限性；合作教学可以促使学生产生更多关于教学内容的思考，有利于参与个体的创新，获得更好的体验，有利于学生终身体育观的形成。合作式教学具有很多有益于现代教学的优点，另外能够体现出与原有教学方法不同的教学效果，因此在课改之后在全国范围内得到了广泛使用。

合作教学法的特点如下所述：

（1）组合性。在教学中采用小组的方式能够使学生之间能协同努力进而充分地发挥自身及其同伴的学习优势。合作教学是以合作学习小组为基本形式，系统利用教学中动态因素之间的互动，促进学生的学习，以团体成绩为评价标准，共同达成教学目标的教学活动。与传统教学不同，在教学形式上，合作学习强调以集体授课为基础，以合作学习小组活动为主体形式，力求体现集体性与个体性的统一，在人员组合的基础上实现信息组合、智慧组合。

（2）互动性。在合作学习的诸多理念中，最令人瞩目的当属其互动性。由于合作学习视教学动态因素之间的互动为促进学生学习的主要途径，因而这种互动观无论在内容上还是在形式上都与传统的教学观有所不同，它不再局限于师生之间的互动，而是将教学互动推延至教师与教师、学生与学生之间的互动。从现代教育信息论的角度来看，教学中的互动方式大致呈现为四种类型：一是单向型，视教学为教师把信息传递给学生的过程，教师是信息发出者，学生是信息接收者；二是双向型，视教学为师生之间相互作用获得信息的过程，强调双边互动，及时反馈；三是多向型，视教学为师生之间、生生之间相互作用的过程，强调多边互动，共同掌握知识；四是成员型，视教学为师生平等参与和互动的过程，强调教师作为小组中的普通一员与其他成员共同活动，不再充当唯一的信息源。合作学习认为，教学是一种人际交往，是一种信息互动，必然涉及上述四种信息互动过程和模式，缺一不可。其中生生互动是教学系统中尚待进一步开发的宝贵的人力资源，是当前教学方法改革特别关注和提倡的。全员性合作学习把"不求人人成功，但求人人进步"作为教学所追求的一种境界，利用小组合作形式组织所有学生构成学习环境，让每个人参与表达、建议和经验，并且把个人之间的竞争变为组组之间的竞争，把个人计分改为小组计分，把小组总体成绩作为奖励或认可的依据，形成了"组内成员合作，组间成员竞争"的新格局，促使不同学习水平的同学能够携手共进。

二、合作式公共体育课程教学策略

当前高校体育教师在开展公共体育课程教学时，合作学习法也是一种较有创新性的教学方法。高校体育教师在开展公共体育课程教学过程中，将所有的学生按照一定的标准分成几个小组或是网队，并引导他们树立共同的体育学习目标，并为了实现这一目标而进行既有分工又有合作的互助性学习。

高校体育教师在运用合作学习法来开展公共体育课程教学时，最为重要的是激发学生的责任感，为此，高校体育教师必须引导学生意识到自己在小组或团队中的角色定位及其重要性。[1] 此外，高校体育教师在公共体育课程教学中运用合作教学法时，要促使其充分发挥出自己的作用，必须按照下面的程序实施。

第一，高校体育教师按照一定的标准对学生进行分组，并要保证分组的科学性与合理性。

第二，引导小组成员以成员的身体状况、学习水平等为依据，对其需要达到的学习目标予以明确。

---

[1] 刘汉平，朱从庆. 我国高校公共体育课程教学的发展与改革探究［M］. 长春：吉林人民出版社，2021：89-90.

第三，引导小组成员以所制定的小组学习目标为依据，对自身的职责与任务予以明确。

第四，让小组成员推选出一个小组长，然后由小组长带领所有的成员在相互合作的基础上，有效地完成教学任务。

第五，在小组学习活动结束后，要让每个小组选一个代表对小组成员的学习情况、学习成果和存在的问题等进行阐述与交流。在这一过程中，体育教师要注意对学生的疑问进行解答，对学生存在的不足予以指出，对学生出现的问题予以指正。

三、合作式公共体育课程教学形式

合作式教学广泛适用于各种科目教学，在体育课程中亦然，根据体育教学的特点，现把合作式教学大体分为以下三种形式：师生相互合作、生生相互合作以及师师相互合作。

（一）师生相互合作

师生相互合作形式是我国体育课教学中最常用的一种模式，就是指学生在教师的指导下，学生自主参与学习各种体育基本技术动作的办法。要求教师在教学过程中内容要新，讲解要精，包含技术动作的基本知识、重点和难点，以及根据教学实际进行必要的补充，要求学生去探索解决问题的办法，培养学生的创新意识，力求学生在练习过程中找到提高和巩固的方法。学习过程中要求学生认真听讲，对教师教授内容有所认识，基本技术动作多次模仿、练习，要求学生对所学技术动作概念、技术和技能形成较深印象，为进一步巩固提高打下基础。

（二）生生相互合作

生生合作也是合作式教学的一个常见的合作方法，目的是让学生掌握动作要领，具备合作精神和探索精神，现代体育教学中也应把学生练习放到中心位置。作为生生合作也根据时间段划分为课前合作、课上合作和课后合作三种。课前合作的主要目的是让学生理解和消化教学内容，这样既能培养学生学习分析和比较能力，又能让学生感受到教材上新内容，学生通过交流找到教学内容的重点、难点和疑点，带着问题听课，看教师示范，目的明确，解决问题的途径和方法就会更好；课上合作的主要表现就是学生互动环节，一节优秀的体育课，应该把学生的积极性、主动性完全调动起来，学生的练习效果主要依靠这个环节。教师的个人力量有限，可以将学生根据水平分成不同的小组，按照小组完成教学任务,设置一定的奖励措施更好,这种彼此合作学习的方式将插秧式教学改变为马蹄式教学,实质就是让学生建立相互依存的关系,让每位学生不仅主动学习,还要与其他同学共同努力,互相帮助,利用集体力量完成学习任务。

(三) 师师相互合作

按照教师组成结构,知识结构新颖的青年教师应当和教学经验丰富的老教师相互配合,在学期初,学校应组织教师集体研究教学大纲、教材和修订说明,总结上学年教学经验,吸取先进的教学经验和科研成果。教学期间根据教学计划,分单元进行集体备课、听课,透彻理解教材内容,相互提高,期末考试统一评分标准,集体评分,有助于严格检查教学成果。

四、合作式公共体育课程教学注意事项

(一) 任务设置

在体育课堂教学中运用合作式教学策略,通常会出现任务设置方面的问题,主要表现为两个方面的问题。首先,没有明确的任务导向,体育教师在讲解示范技术动作后,就将学生分组进行合作式教学,虽然有分组合作的形式,但因为没有给予学生明确的任务导向,合作式教学就会演变成纯粹的分组练习,形式呆板、氛围沉闷,学生的学习目的不明确,练习也很盲目,学习效果很难保障。体育课堂教学承担着教授学生技能、提高学生素质、培养学生认知、塑造品格等多方面的任务,同时解决所有问题是不可能的,因此需要任务的导向性明确,是学习技能还是提高素质、是培养认知还是塑造品格在运用合作式教学策略时需要事先明确。而且,不管是向哪个方面的任务导向,这个方面的任务还需进一步细化,例如技能练习,是解决技术准确性问题,还是解决技能合理性问题等等。

其次,任务难度的设置不适宜,合作式教学的一个重要目的就是要学生进行相互帮助和相互学习,任务难度设置过低,所有学生都可以轻易完成,这种学习利用简单的分组练习就可以解决,根本就不需要运用合作式教学策略;而如果任务难度设置过高,所有学生都不能完成,那么整个练习就难以进行下去,此时运用合作式教学策略还不如传统的集体练习形式。①

---

① 南京医科大学体育部,田芳. 体育教学中运用合作式学习策略的基本注意事项 [J]. 内江科技, 2020 (9): 22-23.

（二）运用时机

合作式教学策略虽然从理论上具有很明显的益处，但并非"包治百病"的"灵丹妙药"，因为体育教学在不同阶段有不同的教学重点，在解决不同教学重点时运用的策略是不一样的，例如在新授基本技术的开始阶段就运用合作式教学策略是不合时宜的，因为此时更需要的是教师进行准确示范和精准讲解，需要学生进行反复刻意的模仿和练习。而在技能运用阶段，也不太适合运用合作式教学策略，因为运用意味着比赛情境的介入会更频繁，此时更需要的是学生在比赛情境下的自我观察、判断和决策，以及对技能的试误性运用、提高。

（三）监督指导

运用合作式教学策略，意味着课堂已由以教师为主体转变为以学生为主体，此时教师的身份应由直接指导者转变为监督指导者。教师应对各个学习小组的学习情况进行监督，根据不同的情况，判断是否需要提供指导。

（四）反馈评价

反馈评价对于合作式教学策略的运用效果具有极其重要的影响。对合作式教学的反馈评价，主要涉及三个方面：一是评价主体，需要兼顾学生自评、小组组评和教师评价；二是评价对象，兼顾对小组的反馈评价和个体的反馈评价；三是评价方法，需要兼顾终结性反馈评价和过程性反馈评价。之所以需要运用这么多类型的反馈评价，目的在于既要促进小组合作式教学的顺利进行，也要保障学生切实地学到知识、提高能力。

五、合作式公共体育课程教学实例分析

排球是高校体育教学的重要体育教学项目，是重要的球类教学内容，但是和其他高校球类运动教学相比，排球运动教学的理论教学和实践教学均存在许多的不足，存在诸如排球教学的选课率不高、大学生的排球运动参与积极性较低、高校排球运动校园文化建设不健全等问题。[1] 实施合作式公共体育课程教学不仅是教学形式的变化，而且为传统排球教学模式创新提供了可行途径，现对合作式公共排球课程分析如下。

---

[1] 王薇. 高校排球运动教学与训练发展研究［M］. 长春：吉林出版集团股份有限公司，2022：25.

(一) 合作式公共排球课程教学内容

高校排球课程选项班进行体育合作学习的基本内容是，分为多个单元的学习小组，每组6~8人，组员过少不利学习氛围形成，过多则难以统一学习观点。分组方法以"组内异质、组间同质"的形式划分。[①] 所谓"组内异质、组间同质"是指学习小组在结构上体现班级的差距，以保证组内各成员之间的差异互补性，使学生参与意识和合作精神更能发挥；"组间同质"是指班级内的小组间总体水平基本一致，使教学效果评估更具真实性。体育合作学习教学模式使用应先注意分组的质量，根据教学目标，选择适宜的分组条件进行分组是提高体育教学质量的重要一环。

小组的"组长"是组织小组学习体育技能的关键，小组长不仅是领导，还对群体内、外关系的处理起着举足轻重的作用。在分组时还要注重组间平衡，在教师的指导下，教师与学生之间、同组学生与学生之间、小集团与小集团之间通过运动，相互切磋与观摩，从而提高教学效率。在这里，体育教学的分组既是坚持从实际出发原则所采取的组织措施，也是小组合作教学模式学习的基本形式。

(二) 合作式公共排球课程教学模式

首先，在进行排球课程单元教学前的几次课中，以教师指导小组学习为主，随着小组学员凝聚力增强和对学习内容的初步掌握，再向以学生为主体的小组学习形式过渡，然后学生针对学习内容进行自学、自练和自主交流，教师给予指导，并组织小组间循环比赛、讲评和总结。

其次，在教学方法上，将传统的讲解示范、练习和纠正教学方法与小组讨论、小组互学方法相结合推进教学模式实施。小组讨论法是针对教学中的重点和难点问题，在教师启发下开展组内学生交流共同解决；小组互学法是针对学习中存在的个别问题通过组员之间互教互学加以解决。

再次，在教学程序上，如在进行排球正面双手垫球基本技术的知识教学和技能练习时，将学生分成6~8人一组，小组中设组长、记录员、统计员、监督员等职位，明确职责，要求对本组及其成员的练习进行组织、记录和统计。学生在练习中充当不同的角色并适时进行轮换，先由两名学生做垫球练习，一名学生评判并给予反馈，一名学生记录，一名学生帮助捡球，练习4~6次后，进行角色互换。

---

① 杨艳生. 体育教学改革与创新实践研究 [M]. 长春：吉林人民出版社，2021：145.

最后，教师通过对比各小组练习的记录情况，对完成任务的小组和超过上次课的练习成绩的小组进行奖励。课后安排的复习内容要按教师课前确定的时间、顺序，以小组为单位，以互相合作为主要方式，小组内学生合理分工，通过查阅资料、观看视频、组内学练，每2周进行1次组间基本技术竞赛，只记小组集体成绩，教师则通过参与课程的组织和管理，对学生的合作学习过程起指导和引导的作用。

第四章 公共体育课程教学的创新方法

大学公共体育课属于相对开放的课程。其开展的形式以身体练习为主，开展的项目多种多样。作为高校必修课程，体育课要修满 1~3 个学年，是大学生主要体育锻炼的途径。通常，体育课以实践课的形式在室内或者室外规定的运动场地进行教学，操场、体育馆、健身房、训练场和象棋室均可成为体育课堂，具有较高的开放性。学生通过身体力行的练习掌握项目基本运动技术，获得运动乐趣，养成良好的运动习惯。

第一节 公共体育课程生态教学法

一、相关概念阐释

（一）生态

生态（Eco-）一词源于古希腊字，意思是指家或者我们的环境。简单地说，生态就是指一切生物的生存状态，以及它们之间和它与环境之间环环相扣的关系。在这个定义中，我们可以解析出关于生态的四个关键词：生物体、生存状态、环境、关系。这四个关键词体现了两个构成要件（生物体和环境）和两组关系（生物体之间及生物与环境之间的关系）。可见，对生态的研究主要是研究在环境的作用下生物体处于什么样的生存状态，同时还要研究生物体之间及生物体与环境之间存在什么样的关系。既然是状态，就有平衡和失衡的问题；既然是关系，就存在和谐与失谐的问题。

在生态学专业著作中，国内学者也对生态进行了阐述。李博在《生态学》书中将"生态"理解为生物与环境间的相互关系，这里的生物包括动物、植物、微生物及人类本身,即不同的生物系统,而"环境"则指生物生活中的无机因素。[1] 自然界中的所有生物,不论是动物、植物还是微生物,都生活在一定的环境中,并和环境发生着各种各样紧密的联系。一方面,环境为生物提供必要的生活条件,如阳光、水分、空气、养料以及栖息场所等;另一方面,生物的活动也在不停地影响和改变着周围的环境。这样,生物就和周围环境形成一个不可分割的有机整体。这种生物和环境之间的各种因素联系和相互作用的关系就叫"生态"。

(二) 生态教育

生态教育是一种迎合时代、适应当前经济发展需求的教育思想,有着非常丰富的内涵,不仅涵盖了教育的各个方面,而且其教育对象、教育方式、教育模式和教育内容也都非常丰富。

生态教育是一种以生态学为理论基础传播生态文明和生态知识,提高人们的生态认识和生态素养,使人类形成一种新的生态自然观、生态世界观、生态价值观、生态文明观和可持续发展观,最终实现人类、社会、自然和谐发展的教育过程。

(三) 生态体育

生态体育的起源可以追溯到古代"天人合一"的古朴思想,是随着当下体育运动过程之中人与自然、人与社会、人与人,以及体育与环境之间矛盾的产生而产生的。

"体育"与"生态"主要从两个方面进行衔接:一是运用生态学的理论与观点,分析体育相关现象和问题,辨析体育系统的相关矛盾,揭示体育系统的深层规律,进而优化体育系统运行机制,保证体育系统的可持续发展;二是从体育学的角度出发,探索生态环境与体育的相互关系,探讨生态与体育的互动机制,强调在体育活动中实现生态效应。[2]

生态体育从保护生态环境、爱护自然的角度出发,旨在正确处理好"人类—体育—环境"之间的关系,使人在良好的社会环境和自然环境下开展体育活动,获得身体的发展,并且保持这种生态体育文化持续地发展下去,促成体育运动的可持续发展。

---

[1] 李博. 生态学 [M]. 北京:高等教育出版社, 2000:4.
[2] 李昆龙, 李瑞. 基于生态文明建设的生态体育教学模式探究 [J]. 青少年体育, 2022 (5):105-107.

二、生态体育课程的特点分析

（一）开放性特点

开放性是生态体育课程的重要特性之一，这个特性也是高校生态体育教育的重要体现。构成生态体育课程的主要因素是高校的教师与学生，这两个主要因素在思想上、行动上体现出生态体育课程的开放性。高校的教学内容、教学环境及目的也能体现出生态体育课程的开放性。

一方面，高校的生态体育系统在其需求的各方面进行输入、输出，从而自然而然地与外界生态自然系统产生联系；另一方面，在我国各高校生态体育课程中，教师与自然环境，学生与自然环境，学生之间，师生之间都存在着各方面的交流与联系。因此可以看出，高校的生态体育课程系统并不是完全静止的，整个系统各部分的联系都体现了高校生态体育课程的开放性。

（二）共生性特点

共生具有严格的生态组织性，一旦某一共生的环节缺失，将导致系统振荡与解体。共生是系统中各部分的相互依存和共同促进，是生态系统的构成机制和存在机制。在系统中各部分之间、各部分与整体之间，都靠共生关系形成系统整体的动态结构。在高校体育生态中也存在这种共生关系。整个高校生态体育课程系统中的要素都是共生要素，其中任何一个环节都是相互联系的，只要其中一个要素缺失就会导致整个系统破裂。

（三）系统性特点

高校课程中的体育教师、学生、教学内容、教学环境以及教学目的构成生态体育系统。在整个系统中，每一个要素都起到极其重要的作用，每一部分都不可或缺。用科学系统的方法对我国高校生态体育课程系统进行理性的分析，可以充分地了解到整个系统中各部分的要素与外界生态环境中的生态因子结合所构成的系统。

三、生态教学法在公共体育课程中应用的保障

（一）加大人力资源投入

高校公共体育课程系统的人力资源包括了教师、管理者。在高校扩招中，

管理者起到了至关重要的作用。首先，管理者需要提高自身的思想意识，采用科学的管理方法提高体育系统的工作效率。其次，管理者需要不断地学习，掌握丰富的文化知识，提高政治、业务方面的素质，不断创新。最后，管理人员要充分掌握现代信息技术，提高教学管理的质量。

要将生态教学法合理地运用在公共体育课程中，笔者认为，一定的人力资源投入是必需的，这是实现生态教学法良好融入的基础与前提。

（二）营造生态化体育学习环境

营造生态化体育学习环境，是生态教学法在公共体育课程中应用的基础与关键。

一方面，体育教师要突破传统的高中体育教学模式，打破传统教学理念的制约，帮助学生由被动学习向主动探索方向转变。教师应从传统教学理念中解放出来，树立以学生为主体的教学观念，将自己作为学生学习的伙伴、朋友，这能使师生主体地位失衡的教学关系有所改善，也就是说，教师应鼓励学生积极、主动地参与体育学习中，实现教育生态的和谐发展；另一方面，教师在构建师生和谐关系的过程中，还应充分了解学生，明确学生的学习需求，努力挖掘不同层次学生之间存在的优点。尤其是针对体育成绩比较差的学生来说，教师应给予他们更多的关注和鼓励，善于发掘其身上存在的闪光点，引领他们在体育学习中体会成功的喜悦，并树立良好的自信心，最终强化自身的学习热情。

（三）加强体育设施建设

场馆的建设条件包括资金以及土地资源，因此，高校应该与政府进行商议，以得到其资金以及用地方面的支持。高校应通过扩大高校原有的体育场地面积来为学生提供造一个宽阔、舒适的体育运动场地，并提高学生自主学习体育的兴趣。与政府社会协商之后，高校可以根据所需要的资源以及多余可利用的资源与社会进行资源交换利用，从而提高资源的利用率，实现体育设施的建设与升级，这也有利于公共体育课程的进一步完善。

第二节　公共体育课程分层教学法

一、体育分层教学概述

分层教学是在学生知识基础、智力因素和非智力因素存在明显差异的情况下，教师有针对性地实施分层教学，从而达到不同层次教学目标的一种教学方法。

体育分层教学是指教师根据学生的运动能力、技术基础、接受能力、兴趣爱好等因素存在的个体差异，将同一个教学班的学生分成不同层次的学习小组，并根据学生相应的层次水平提出不同的学习目标，采取不同的教学措施，促进每个层次的学生学习效果最大化的一种教学组织形式。[1]

体育实施分层教学是确保不同层次的学生在体育教学中获得最佳学习效果的一种教学策略，是班级授课制形式下提高课堂效率的一种教学模式。

二、高校体育公共课程分层教学的必要性

（一）有利于体育新课程改革的贯彻落实

依据教育部颁布的课程纲要，大学生《体育与健康》课程教学的培养目标包括知识、技能与能力、素质3个方面。课程纲要明确要求教师要关注学生个体差异，因材施教，让所有学生受益。但就当前的普通高校体育课堂教学而言，体育教师大都采取统一的方式，能够认真落实新课程教学培养理念、真正关注学生个体差异的教师并不多。因此，在新的形势下，为了充分保证所有大学生在体育方面的全面发展，在普通高校全面贯彻落实新课改提出的重要理念的基础上，在高校体育公共课程中，应该积极落实分层教学方法。

（二）有利于提升学生学习的主体性

在传统教学模式下，学生的个体差异被忽视了，学生没有学习的兴趣，体育课堂的氛围比较枯燥。但是，教师运用分层教学模式，就会结合学生的身体

---

[1] 周长存. 体育课分层教学思考 [J]. 青少年体育，2020（9）：103-104.

素质，关注学生的能力水平。不同层次的学生就会拥有明确的学习目标，教师的教学手段也会展现出多样化的特点。对于学习成绩优秀的学生来说，其会拥有新颖的学习内容，能够确定比较明晰的奋斗目标。对于后进生来说，其能够积极努力，达成自己的目标。

分层教学模式的实行，能够让学生在学习的过程中获得喜悦，并增强其对高校公共体育课程学习的信心。这对于学生学习习惯的养成和主体地位的展现产生了十分重要的影响。

（三）有利于培养大学生的终身体育意识

中国人民在物质生活水平显著提高的情况下更加关注个人的身体素质和健康状况，这也使健康问题成为社会各个领域的关注要点。在高校公共体育领域，许多高校都将素质教育、体育教育作为教学主要任务之一，旨在培养身心协调发展的人才。[①]

大学阶段是提高学生体育能力、培养学生良好体育习惯的重要时期。在这一阶段，如果大学生能够获得良好的体育教育，那么，其终身体育意识将会形成。我国地域辽阔，各地的经济社会发展水平不同，其体育教育发展水平也存在差异。有的地区由于高考、中考的压力，过于重视学生文化课的学习，忽视了学生身体素质的培养；有的地区由于客观条件的限制，特别是在广大农村地区，体育师资水平较低，学生得不到有效的指导，这导致学生体育基础较差。大量的实践已经证明，分层教学能够促进大学生的个性发展，有效培养其独立能力，激发其主动学习的热情，使其能养成独立思考的好习惯，从而能为其日后参加工作从事体育锻炼奠定良好的基础。

因此，在大学阶段，体育教师应该针对不同体育层次水平的大学生，对大其进行切实可行的终身体育意识培养。广大高校体育教师在体育教学过程中，应认真思考，不能对所有学生"一刀切"。

（四）有利于提升体育教师的业务能力

在分层教学模式下，教师在教学时应该贯彻落实生本理念，力求引导学生朝着个性化的方向发展。为此，教师就要结合学生的实际情况，运用丰富的教学手段，满足学生的需求。在这样的情况下，教师的教学方法才会展现出一定的针对性。根据不同层次的学生，教师应灵活地运用教学方法，让自身的教学

---

① 朱江. 高中体育教学中培养学生终身体育意识的策略［J］. 新教育时代电子杂志（教师版），2023（8）：52-54.

水平得到提升。同时，教师还应该积极学习，能够虚心听取意见，对教学手段进行优化。分层教学对教师提出了比较大的挑战，这也能有效激发其科研能力。最终，教师的科研水平与教学水平都能获得显著提升。

（五）有利于提高高校体育教学质量

高质量的体育教学表现为全体学生都能得到充分发展。在体育教学实践中，教师不可避免地会遇见一些体育基础较差的大学生，比如，有的学生体质较差，心肺功能较弱、力量较差，这样的学生在学习对体能要求比较高的运动项目方面会感觉困难；再比如，目前大学生群体中，身体肥胖的学生占有一定比例，这部分同学在体育学习中也会面临很大的困难。

高校体育教师对体育基础较差、体育学习上存在较大困难的大学生，必须采取有效的教学模式，帮助他们克服各种困难。采用分层分类教学，可以在很大程度上兼顾不同体育基础大学生的特点和要求，有利于提高高校体育教学的质量，进而有利于高等教育整体质量的提高。

三、公共体育课程分层的实施

（一）对教学目标进行分层

教学目标是指师生通过教学活动达到预期的结果或标准，是对学习者通过教学以后将能做什么的一种明确的、具体的表述。[①] 教学目标主要描述学习者通过学习后预期产生的行为变化。教学目标是教学活动实施的方向和预期达成的结果，是一切教学活动的出发点和归宿。

在进行体育教学之前，高校体育教师需要对学生的实际学习情况和体育水平进行充分的掌握与了解，然后合理设计分层教学目标，做好教学计划与目标的分层工作，进而提升体育课程教学效率和质量。在该过程中，教师需要保证设计的教学目标在学生可承受范围之内，可以得到学生的认可，同时满足学生的实际学习需求。

例如，在讲解分腿腾跃山羊活动时，教师需要结合各个学生的体育能力，对学生进行分层，并针对不同层次的学生设计不同的学习要求，对每个层次学生的学习目标进行合理制定。针对体育水平较差的学生，教师可以组织这些学生进行简单的越过山羊活动，在该活动中不用注重过程技巧，主要是为了培养学生的自信心，使学生可以体会到体育活动的乐趣，从而使学生形成终身体育

[①] 侯向锋. 体育教学与篮球体能训练研究 [M]. 长春：吉林出版集团股份有限公司，2022：33.

的理念。针对体育水平较高的学生,教师可以对其提出一定的要求,指引学生在活动中注重腾跃技巧,并且需要拉开跳跃的距离,进而保证动作的协调性和优美程度。通过这样的教学模式,每个学生都能积极主动地参与教学活动,进而提升学生的体育学习能力,最终促使教学目标的完成。

(二)对学生进行分层

学生是课堂的主体,也是实施分层教学策略时教师需考虑的首要要素。因此,教师在实施分层教学前,要全面了解每个学生的学习情况,如学习基础、学习能力、学习习惯、学习兴趣等,对学生进行分类,在此基础上划分不同的层次,再将不同层次的学生划成小组,组成若干学习小组。[①]

高校公共体育课要想确保分层教学应用的有效性,就应在教学前先根据学生实际身体素质、性格特点、体育技能水平等对学生进行分层,以保证后续教学工作的顺利进行。具体而言,在实施分层教学策略前,教师可通过当堂检测、口头询问、问卷调查等方式了解学生的身体素质状况,其对体育知识、体育技能的熟悉与掌握程度,以及具体的体育学习意向,等等,在此基础上将学生合理分层并根据不同层次学生的能力等级制定相应教学方案,实现有效教学。

同时,为避免分层教学给学生的自尊心、自信心带来损害,在教学过程中教师还应掌握"分层的艺术",要全面考虑学生的心理、情感特征,在此基础上采用科学方法有效分层,确保学生健康心理与正常学习活动不受影响。具体如下:教学前,教师先对全班学生进行一次摸底比赛,通过比赛掌握学生具体技术能力,之后根据不同水平层次进行合理分层,将同一水平层次的学生分为相同小组,以小组为单位展开针对性教学。教学过程中,教师组织各训练小组内成员进行比赛竞技,让学生在竞技过程中提升自身技能水平,同时通过竞技积累经验,与同学分享交流将体验与心得。这样既调动了学生的主观能动性,又培养了学生的竞争意识、协作意识,锻炼了学生的人际交往能力,取得了相对理想的教学效果。

(三)对教学内容进行分层

在高校体育教学中,教师需要根据学生的兴趣爱好与学习需求,对教学内容进行合理的设置,并根据教学内容的难易程度进行分层。在分层工作中,教师需要全面考虑学生的基础水平、身体素质、学习动机,然后结合各个层次的

---

① 斗晶. 如何实施分层教学 [J]. 黑河教育,2021(3):56-57.

学生，对教学内容的考核标准进行制定，进而使每个学生都可以在课堂学习中完成教学任务。① 这样可以有效提升学生的学习兴趣与自信心，进而促进体育教学的长远发展。

例如，作为高校体育课程核心内容的跑步，它可以有效提高学生的身体综合素养，使学生形成良好的意志品质。如在长跑教学中，教师可以合理利用分层教学方法：针对耐力相对较差的学生，要求其先围绕操场跑1~2圈，然后经过一段时间的训练以后，该层次学生的耐力有所提升，后教师可以逐渐增加跑步的距离，使其可以获得更大的进步；针对耐力相对较高的学生，教师可以要求其先围绕操场跑3~4圈，经过长时间训练以后，教师可以要求其提高跑步的速度与节奏。再如，在短跑训练中，教师可以增加一些跑步游戏，根据游戏的难易程度组织学生进行活动。可以组织学生进行追逐跑游戏，然后把跑步能力差不多的学生分配到一组，进行比赛，从而提升学生的竞争能力，使学生可以在游戏中感受到快乐，并提升学生的体能。

（四）对教学过程进行分层

在分层教学理念下，高校公共体育课程教师还需要对整个教学过程进行有序分层。教师要能立足实际学情，结合学生具体学习能力与学习需求，科学分配基本技能讲解、动作示范与自主实践练习等各教学环节的时间，让学生在全面掌握基本知识技能的同时也获得拓展性、延伸性的进步与成长。另外，在分层教学中，教师还需根据学生实际水平，对不同层次学生的理论学习时间、技能操作时间进行合理分层，以保证教学的有效性。

如在篮球公共课教学中，教师首先根据学生实际篮球技术水平对学生合理定位，之后对篮球技术水平较低的学生安排一些难度较低、相对基础的训练任务，以夯实学生篮球基础；而对篮球技术掌握相对娴熟的学生，可为其安排相对高难度的训练任务，这样既能进一步提升学生层次水平，又能锻炼学生身体素质，更会让学生深刻感受到篮球公共课程的有效性、价值性，从而对公共课程产生浓厚兴趣，在日后学习过程中也能积极主动参与其中。

此外，在日常教学中，教师也可灵活变化分层教学的方法、形式等，如不一定非要同一层次水平的学生一直在一起训练，教师也可在每堂课的末尾阶段抽出一定时间让将不同层次、不同小组间的学生展开竞赛，通过激烈的篮球赛活动营造良好的训练氛围，同时也让学生形成竞争意识，端正体育学习态度，

---

① 孙佳. 浅析高校体育课程的分层教学方法 [J]. 重庆电子工程职业学院学报，2020（2）：127-130.

并利用 A 层次学生的技能优势等有效激励 B、C 层次的学生不断加强训练，提升自身技术水平。

（五）对教学评价进行分层

高校体育教师在实施分层教学方法以后，需要注重对学生的表现进行分层考核。教师可以根据目前学生的体育水平，对学生进行分层考核，制定合理的分层考核标准。然后在实际教学中，结合情况的变化，对考核标准进行适当的调整。针对学习能力相对较差的学生，教师在对其进行评价时，需要适当地降低考核标准，从而使其可以树立自信。针对学习能力相对较好的学生，教师在对其进行评价时，需要适当地提高考核标准，进而激发其学习潜能，使其能主动学习更多的体育技能和知识。

评价期间，教师要注意以下几个要点：首先，评价主体要保持多元化。运用教师自评或者学生自评以及师生互评与生生互评的方式进行评价，让学生有机会成为评价的主体。通过自评和与同学的互评，学生能认识到自己的缺陷，发现他人的优势，学习他人的优势，取长补短，完善自身的不足。成绩的评定上，教师要做到尊重学生差异，针对不同层次的学生和其发展情况进行针对性评价，这有利于教师获得真实的反馈，使其能根据评价结果对学生实施针对性指导，强化教学效果。其次，教师可以运用模糊量化的评价方法进行评价，设计优良、合格者几个不同等级，从而更加科学和有针对性地进行评价。

例如，在羽毛球教学中，教师不能仅仅通过学生掌握运动技巧的程度或者是学生的身体素质，来对学生进行评价，还需要综合考虑学生日常课程中的学习态度、动机、能力。针对表现良好的学生，教师可以对其制定相对较高的考核标准，避免学生止步于现状。针对能力不足的学生，教师可以降低考核标准，并对其进行循序渐进的教学，进而激起学生的学习热情。

四、公共体育课程分层的注意事项

（一）应注意体育分层教学的隐秘性

体育教师在分层教学实施过程中，不仅要注重教学的隐蔽性，还要以学生的技能水平为基础，为学生制定合适的教学目标，可以适当提高优等生的训练难度。对中等生来说，教师可以要求其保证按时完成体育任务，正常进行体育训练，对学困生教师要适当降低标准，帮助学生突破极限，树立自信心，提高学习兴趣。

（二）不能一味地固化分层教学法

定位了学生的层次之后，经过一段时间的学习，教师要仔细观察每个学生，以学生的技能水平变化幅度为基础，进行重新定位。教师要科学地调整学生的层次，这样有利于激发学生的学习动力，使学生有信心去完成某个动作，只有学生具备练习热情和愉快的心情，教师和学生之间的情感才会更加融洽。如果教师长期不改变定位教学，那么，学生的学习积极性和练习兴趣就会受到打击，同时学生也无法通过体育运动获得乐趣。

第三节 公共体育课程游戏教学法

一、体育游戏教学概述

（一）界定体育游戏

体育游戏作为一种社会现象，是随着人类社会的产生和发展出现和演进的。在人类社会漫长的历史中，体育游戏经历了一个由萌生、发展到不断完善的过程。何谓体育游戏？体育游戏是按一定目的和规则进行的一种有组织的、以身体练习为基本手段、以促进人身心的全面发展为目的、体力活动和智力活动相结合、富有浓厚娱乐气息和鲜明教育意义的自主活动。[1]

体育游戏的目的主要是增强体质、培养情操、做好接受运动教学活动的心理和生理准备。在教学过程中，体育教师可以根据课程的任务需要来适当安排游戏的负荷和强度。比如，在准备活动阶段，以热身为主要目的；在基本教学阶段，以调动学生的体育学习兴趣，达到学习、掌握、巩固提高技术动作为主要目的；结束部分中，以学生调整放松身体、消除运动疲劳为主要目的。

体育游戏的内容往往带有使学生快乐、积极思维、启发学习兴趣、活跃课堂气氛的特征。游戏的娱乐性吸引着学生，因而有助于培养学生参加体育运动的兴趣，有助于提高学生练习的积极性。

---

[1] 韩中. 高校体育教学体系建设研究［M］. 北京：北京工业大学出版社有限责任公司，2019：166.

(二) 体育游戏教学的本质

体育游戏教学是学生身体活动与思维活动结合的产物。在实际的教学中，体育教师不是将游戏与教学（学习）简单相加，而是围绕教学目标，寻找游戏与学习的联结点，抓住这些联结点，在游戏中实施教育，完成教育和教养的任务。因此，体育游戏教学活动的本质是：寓教于乐，游戏与学习统一。

二、公共体育课程游戏教学的意义

（一）有利于学生养成锻炼的习惯

体育游戏以锻炼身体为主，是具有目标性的游戏活动。[1] 在体育教学过程中，体育教师运用体育游戏能够有效地激发学生的学习兴趣，转变学生的学习状态，减轻学生的学习压力，提升其锻炼效果，并最终使其能养成锻炼的习惯。

（二）有利于培养学生团结协作的能力

体育蕴含着凝聚力、感染力和号召力等体育精神，而体育游戏和公共体育课程的融合可以有效地促进学生凝聚力的培养，进而使学生在不知不觉中培养团队协作能力。例如，在开展体育游戏活动时，多人游戏会产生学生抱团效果，学生在游戏过程中能领会到团结合作的重要意义，进而有意识地与其他同学展开合作，共同达成体育目标。因此可以说，游戏能显著培养学生的团结协作能力。

（三）有利于保障教学安全

保障学生在体育活动中的安全是每一个体育教师义不容辞的责任。虽然安全是需要多种因素来保障的，但不可否认，它与教师的安全意识和教学安全的技术措施密切相关。依据体育教学的规律，灵活运用游戏教学的基本技术、方法和流程，不仅有利于教师掌控课堂教学活动的过程，调控教学程序，而且还能最大限度地保障教学安全。

---

[1] 周宾宇，胡海.浅谈体育游戏在高校公共体育课程中的应用［J］.体育风尚，2022（17）：149-151.

三、体育游戏在高校公共体育课程中的具体应用

（一）在准备环节的应用

常规的高校公共体育课程教学准备阶段，教师通常采用慢跑、定位操、徒手操等活动让学生热身，此类活动往往难以提起学生的兴趣，反复使用也容易让学生感到乏味枯燥，导致课堂气氛沉闷。而教师在准备活动中合理利用体育游戏，则可有效激发学生主动性，将学生的心理调适到更积极的状态，促使学生参与下一步的体育教学活动。

具体来说，教师可设计一些简单有趣的小游戏来代替传统准备活动形式，激发学生主动参与的意识。例如，在田径类公共体育课教学中，可以设计一些奔跑类体育游戏，如交叉接力、蛇形跑等。在球类公共体育课教学中，可以有针对性地设置一些球类热身游戏活动，如足球中的"耍猴"游戏、篮球中的"两人争球"、排球中的"交叉传球"等。这些有趣的游戏，能让学生更积极地参与体育课堂活动，进而更充分地舒展身体，便于后续教学活动的开展。如在篮球教学准备阶段，可以设计"运球接力"游戏，即将学生分为四组，每组一个球，从第一个学生开始，将球运到底线返回起点，再交给下一个学生，所用时间最短的小组获胜。如此一来，自然能让学生身体状态和心理状态达到最佳。

（二）在基本教学环节的应用

教师在整合公共体育教学内容的基础上，要为学生创编具有竞技性、娱乐性与体能锻炼性的体育娱乐载体，以让学生能在快乐、竞争与拼搏中不断学习与提升自己。[1]

在进行单技能的教学时，为避免体育训练的枯燥性，教师可以创编一些趣味性较强的体育游戏，以吸引学生的学习兴趣，让广大学生可以在游戏中加强技能训练，并锻炼自己的体能。在某个体育项目的技能教学基本完成时，教师可以采取国际标准的比赛方式，让学生在对抗性的比赛中实现技能熟练与综合运动能力提升。出于锻炼、竞赛与活动的实效性，教师在组织相关比赛时，既要保证其具有充分的竞技元素，也要激发学生积极参与团队的荣誉感，又要注意增加一些相对快乐的元素，如在"比赛"中的裁判执法中，教师可以相对

---

[1] 刘全. 新时代高校公共体育课程教学改革与发展探究 [J]. 现代职业教育, 2020 (32): 182-183.

宽松甚至制定"班级规则"或"性别规则"等，为学生的运动创造更多的快乐燃点，以培养学生对体育学习与体育运动的兴趣。

（三）在结束环节的应用

由于体育课一般为两节课一起上，时长超过一个小时，学生体力消耗较大，较为疲劳，因此，结束部分的主要任务是消除学生疲劳，促进学生身体机能恢复。[①] 如果教师在此部分融入体力消耗较少、趣味性较高的体育游戏，那么，学生就能逐步放松身心，其心血管系统、中枢神经系统也能恢复正常，进而对下一堂课产生期待。因此，结束部分的体育游戏要凸显娱乐性的特征，以放松为主，教师应引导学生在欢快的氛围中结束课程内容练习。

例如，可设计"反口令"游戏，即让学生分组列队，教师宣布比赛开始并说出口令，听到"稍息"时，学生需要做"立正"动作，听到"向右转"时，学生需要"向左转"。对于做错的学生，教师可以将其罚出队列。游戏结束时，剩下人数最多的一组获胜。还可设计一些奖惩措施，如获胜组可优先解散，其他小组需协助搬运教学器材等。如此，不仅能够保证课堂结束部分的组织性，也能够让学生在轻松有趣的氛围中逐渐放松、舒缓疲劳。

四、体育游戏在高校公共体育课程中应用的注意事项

（一）体育游戏的实施要注意发挥游戏的特色

体育游戏是集娱乐性、竞争性、教育性等特性于一体的体育活动。发挥体育游戏的竞争性，就是要合理地编制游戏规则，保证学生公平地完成体育游戏；发挥体育的娱乐性，就是要摆脱体育游戏的正规竞赛性使其简单易行、情节生动，又能合理竞争并且实现胜负，这样就能让同学们在体育游戏中乐此不疲。教育性的发挥体现在体育游戏实施过程中的每一个细节上，团结协作、公平竞争、善于创新都是体育游戏教育功能的具体体现。时刻保持游戏自身特色的彰显，才能充分挖掘游戏教学法为体育教学带来的效益。

（二）体育游戏要保证学生的安全

体育游戏的选择一定要具有科学性，要充分结合学生自身的情况和教学实际内容进行选择和设置。体育游戏自身形式和内容的多样性常常使得体育游戏应用中组织形式不拘一格，而且鉴于体育教学环境的特殊性，安全性自然成了

[①] 隋东. 试论体育游戏在高校公共体育教学中的应用 [J]. 成才之路, 2021 (25): 32-33.

教学过程中需首要注意的问题。首先，在游戏教学法的实施前要进行必要的安全教育，严守游戏规则，保证课堂的组织纪律性。其次，注意检查游戏器材和游戏场地的安全性。最后，要注意控制学生的游戏活动节奏，防止游戏中学生的兴奋性过高，忘乎所以，导致意外损伤的出现或因情绪失控导致学生之间的争执而出现安全隐患等。

第四节　公共体育课程俱乐部模式教学法

一、高校体育俱乐部教学概述

（一）界定高校体育俱乐部教学

体育俱乐部是以体育练习者的自觉结合为基础，以学校的运动场馆为依托，围绕着某一运动项目，以俱乐部的组织形式将体育教学、课外体育、运动训练、群体竞赛等融为一体的体育课堂教学模式。它是高校教学模式中的一种，其目的是增强师生体质，提升其体育文化素养，增进彼此间的友谊，最终使其形成终身体育锻炼的习惯和健康、科学、文明的生活方式。

（二）高校体育俱乐部教学的类型

高校体育俱乐部大体可分 3 种类型，即课外体育俱乐部、课内体育俱乐部和课内外结合的体育俱乐部。课外体育俱乐部作为体育课的延伸和补充，以拓展学校体育功能，培养良好的体育习惯和行为为主要目标；课内体育俱乐部以现代的教育思想和教育理论为依托，充分体现人本主义的教育理念，以构建现代大学体育新的学习方式为目标；课内外结合的体育俱乐部是伴随着终身体育的兴起，从培养人才的整体教育观的出发，提出的课内课外一体化的体育管理模式。它以终身教育思想为指导，以培养适应学习化社会的能力为目标。

二、高校体育俱乐部教学法的优势

（一）充分发挥学生的主体作用

传统体育课堂通常都是体育教师先带领学生做热身运动，然后教授体育技能，其余的时间都交给学生，这导致了体育课堂秩序混乱、教学效果不佳的情况出现。[①] 而体育俱乐部改变了这种情况，体育教师能根据学生的运动需求，设计更加细化的体育运动项目，帮助学生掌握每一项体育技能，激发学生的主体性。学生在体育俱乐部里可更好地进行运动，锻炼自己的特长，培养运动精神，实现个性化发展。

（二）有利于学生形成终身体育思想

体育俱乐部可以打破体育课程课时的限制，不受教学计划、大纲的束缚，把大学生的体育教育教学过程延伸到大学教育的全过程。并且，其形式多种多样，内容丰富多彩，可使学生的体育兴趣和爱好得到充分的培养和发展，促进学生体育意识的进一步提高，使大学体育与社会体育被有效地衔接起来，促进学生终身从事体育锻炼，使其终身受益。

（三）有利于丰富学生的课余文化生活

以前，体育课堂教学都以班级为单位，在教学过程中存在着一定的目的性和差异性，学生把学习体育当成一种负担，很少有学生在课后学习体育知识。而体育俱乐部教学模式具有新颖的特性，不受课堂和班级的约束，学生可自由加入，还可在课后进行自主运动。只要参加体育俱乐部的活动，学生就会得到学分，这极大地减轻了学生的心理压力，有效缓解了师生之间的矛盾。体育俱乐部集体育运动、体育竞赛、体育文化于一体，拓展了体育教育的时间和空间，对于丰富学生的课余文化生活有着至关重要的作用。

（四）有利于培养和提高学生的社会适应能力

体育俱乐部虽然是站在提高学生体育锻炼水平的基础上进行创新的教学模式，但在体育俱乐部中，学生往往不只能够提高自身身体素质，还能学到许多其他课程教学中无法学到的社交技巧。采用体育俱乐部教学模式，课堂里会汇集同一个年级不同专业的学生，在和形形色色的学生沟通的过程中，学生自身的社交水平得到了提升，社会适应水平也得到了提高。

（五）有利于强化学生的体育运动观念

体育俱乐部体现了新的教育理念，使体育不再"唯分数论"，没有硬性的考试压力。体育运动的环境相对轻松，学生可选择自己喜欢的运动项目，在内

---

① 张超. 高校公共体育课程俱乐部模式的选择与实践 [J]. 学周刊, 2023（6）: 3-5.

心深处强化体育锻炼意识。

体育俱乐部的教学方式与传统教学方式不一样，它使体育教师不再把控课堂，教师只能在一个固定的时间段对学生进行教育、答疑等，其余时间之内，助理教练员可与学生一起进行体育运动，学生在这一过程中能了解体育运动在自己生活中的意义。在体育俱乐部获得的训练，能够启迪学生的心智，培养学生正确的价值观和健康的心理，使其能在学习体育的道路上更上一层楼。

三、高校公共体育课程俱乐部模式构建

（一）构建完善的组织管理体制

高校体育俱乐部教学模式正常实行和发展完善的重要基础和保障，就是构建科学合理的体育俱乐部教学组织管理体制。[①]

首先，应对高校体育俱乐部的管理体系进行完善。将教学内容和各种活动之间的关系协调好，加强对体育俱乐部日常运转的管理，为顺利开展各类教学活动提供保障。同时，进一步加强对俱乐部会员的管理工作。因为体育俱乐部教学模式打乱了各个班级和年级的界限，需要将各个方面的管理工作做好，才能有条不紊地推进各项工作的开展。

其次，要对教学组织管理工作进行合理安排。为了满足学生多样化的学习需求，高校应制定多样化的教学内容。

最后，构建完善的考核体系。应有机地结合即兴考核和过程性考核方法，制定合理的考评制度。既要对学生的学习效果进行强调，同时也要对学生的学习过程和努力更加关注。

（二）凸显并重视学生的主体地位

高校公共体育课程俱乐部模式的构建目的是为了提高学生的身体素质、满足学生锻炼的需求。[②] 因此，在实际的教学中，高校也要以学生的需求为准。体育俱乐部教学模式的构建必须以学生为中心，考虑学生的需求，对教学项目进行扩充，优化教学过程。

在实践中，体育教师要重视学生的个体差异，给学生提供更多能满足其运动需求的体育项目，保证学生能够在体育课程开展的过程中得到满足，从而激

---

① 安庆标. 高校体育俱乐部教学模式的创新研究［J］. 菏泽学院学报，2019（5）：130-133.
② 杨皓，马钢，王龙海，陈志伟. 大学体育俱乐部教学模式的构建与发展研究［J］. 昭通学院学报，2021（5）：66-69.

发其学习体育的兴趣。

创新网上选课模式，满足学生的实际需求。在实践中，教师可以让学生结合自己的兴趣爱好，自由选择课程内容，打破年级和班级的限制，自由组合上课，最大限度地满足学生自身的需求，从而将"以学生为本"的教学理念贯穿在教学的始终。

（三）增设活动设施，开设丰富多彩的体育俱乐部课程

首先，加强器材和加强场馆建设。高校俱乐部发展的必要条件之一，就是加大对场馆和器材的投入。为了能更快、更好地发展俱乐部教学，这就需要对现有的教学资源进行合理开发和充分利用，加大对体育场地及器材设施方面的投资力度，不断修理、改造和增设体育器材，对体育俱乐部教学给予满足。

其次，开设丰富多彩的体育俱乐部课程项目。高校在推进俱乐部教学模式的过程中，会受到各种因素的制约，如学校缺乏充足的场地设施，一些学生选不到喜欢的项目，某些项目匮乏专业的教师，学生不具备较高的积极性参加体育课，等等。为了走出这些困境，高校应结合自身的实际情况，开设丰富多样的俱乐部课程项目，或者是对一些比较流行和实用性的项目进行拓展。

（四）组建一专多能的师资队伍，提高教学效率和教学质量

各大高校普遍未给体育俱乐部配备足够数量的专职教师，这影响了体育俱乐部教学的改革成效。为解决此问题，高校应为各体育俱乐部配备足够数量的专职教师，要求一线体育教师在有可能的情况下必须兼任体育俱乐部教师。体育俱乐部课程一般均安排在课后开展，因此，大部分体育教师均有足够时间担任体育俱乐部专职教师工作。[1]

首先，高校应对现有的体育教育人才进行教育和培训，建立一个专业的平台，定期对教师进行考核和培训，以更好地完善教师的专长结构。其次，积极引进优秀的体育教育人才，进一步加强体育教师队伍的综合素质建设，使高校专长教师缺乏的局面得到根本性的扭转。

---

[1] 陶运三.安徽省高校体育俱乐部教学改革研究［J］.长春大学学报，2020（10）：105-107.

第五章　信息技术融入公共体育课程教学

人类现在已经进入信息时代，信息技术已经被广泛地应用在人们的生活中，显著提升了其生活质量。其中，信息技术也在教育领域获得了应用，促进了教育质量的提高。在这种背景下，信息技术融入公共体育课程教学也是一种必然。

第一节　体育信息化教学概述

一、高校体育教学中应用信息技术的必要性

（一）有利于帮助体育教师转变传统观念

体育是一门非常讲究实践的学科，因此，体育教学也十分重视户外实践教学。信息技术首先是在体育课堂上被应用的，过于专注课外体育活动的体育教师并没有对信息技术形成足够的重视。随着信息技术也开始被应用在实践教学活动中，高校体育教师的教学观念也在悄然发生着变化。

（二）有利于完善体育教学环境

在信息化体育教学中，体育教师讲授给学生的内容其实并没有发生变化，只不过内容的形式变得更加多样，可以是图片的形式，也可以是音频与视频的形式，教师都可以运用多媒体将这些内容传递给学生。与传统的体育教学相比，信息化体育教学能优化体育教学环境，能让学生的学习变得更加容易、简单，也能使其对各种体育知识有更加深入的理解。

（三）有利于丰富课堂教学内容

高校体育教学因为信息技术而做出了巨大的改变，学生可以随时随地学习，教师与学生之间的互动更加频繁，信息资源的传播速度加快、传播范围变广。教师也能在充分了解学生实际学习需求的基础上调整教学内容与方法，不断优化体育教学策略信息技术让体育教学的多样性做出了一定的改变，也让大学生在接受新的体育教学方式方面变得更加容易。

（四）有利于提高大学生的综合能力

将信息技术运用在体育教学中，教师能更加清楚地辨别教学的重难点，并引导学生在充分分析问题的基础上解决问题，在分析、解决问题的过程中，学生的综合能力得以提高。比如，教师在进行立定跳远教学时，可以对学生进行合理的分组，让他们对"立定跳远"的相关内容进行合理的讨论。在激烈的讨论中，学生不仅能掌握更多的立定跳远知识，而且还能从别的同伴那里了解解决问题的思路。

（五）有利于培养大学生的审美情趣

观赏体育比赛需要学生提前能了解更多的体育知识，这里的体育知识不仅包括体育术语，而且还包括体育技术与体育规则等，这些知识能帮助学生更好地观赏体育比赛。不过，对于非体育专业的学生来讲，其观赏体育比赛的能力并不容易培养。大部分的大学生，其有着十分繁重的学习压力，正是因为学习压力的存在，其才将大部分的时间放在了学习上，以至于根本没有太多时间去欣赏体育比赛。久而久之，他们就不可能形成较强的欣赏体育比赛的能力。但在信息技术的帮助下，教师可以对一些经典的比赛进行剪辑，将剪辑好的视频播放给学生，这样，学生就能从视频中了解体育比赛的魅力，也能培养自己的审美情趣。

（六）有利于提高学生的学习效率

多媒体课件是教师开展体育教学活动的一种辅助性的手段，借助多媒体技术，教师可以将生动的画面传递给学生，可以将多样的知识传递给学生。此外，教师在体育教学中运用教学媒体能加强与学生的互动，同时还能改变教师过去使用的教学模式，引导学生掌握多样的动作，更是能让学生的学习效率有所提高。

二、体育信息化教学的定义

信息化是当今世界经济和社会发展的大趋势,以多媒体和网络技术为核心的信息技术已成为提高人类能力的创造性工具。随着教学环境信息化以及数字化教学资源在教学中的应用,一些新的教学观念、教学组织形式、教学方法等正在形成,其促进了新型教学模式不断被应用于实践。

体育信息化教学,就是指体育教师和学生借助现代教育媒体、教育信息资源和方法进行的双边活动。它既是师生运用现代教育媒体进行的体育教学活动,也是基于信息技术在师生间开展的体育教学活动。

体育信息化教学不仅是在传统体育教学的基础上对教学媒体和手段的改变,而且是以现代信息技术为基础的整体的体育教学体系的一系列的改革和变化。

三、体育信息化教学的原则

(一)注重学生全面发展的原则

在传统体育教学中,教师在进行教学设计时一般都是围绕着体育学科体系进行的,这种教学设计并没有重视学生的主观能动性,同时也缺乏一定的情感与价值观因素。体育信息化教学就是要彻底改变传统体育教学存在的不足,使学生从死记硬背的"牢笼"中挣脱出来,为学生确定合理的体育教学目标,进行详细的体育教学设计,开展科学的学生学习结果评价,并不断激发学生学习的积极性。这足以表明,体育信息化教学其实是围绕着学生开展的,要求教师在体育教学过程中要为学生创设积极的教学情境,使其可以在情境中不断发展自己的各项能力。在体育信息化教学中,教师的角色发生了明显的改变,他们已经成为学生学习活动的促进者与支持者,因而其要有意识地帮助学生制定科学的学习计划,改变不良的学习习惯,选择合理的学习方法。

信息社会对人才有了更高的要求,基于此,在体育信息化教学中,教师应该有意识地培养学生的信息素养。同时,21世纪是一个学习时代,每个学生都应该具有学会学习的能力。而要真正地掌握学会学习的能力,学生就应该具有信息素养。学生不仅要对信息、信息技术,以及与信息化教学相关的概念予以了解,而且还要了解信息技术在体育教学活动中应用的原理,认识信息技术对体育教学活动产生的各种影响。更为重要的是,学生还应该能熟练掌握各种信息工具,从而使这些工具能成为其学习质量与效率提高的良好保证。可以说，信息素养是人类在学习化社会中生存的基础，培养学生的信息素养就是在为其今后的人生发展奠定必要的基础。总之，体育信息化教学要体现学生知识、技能、态度、情感、能力等全面发展的原则，真正做到以学生为本，并有效改进传统体育教学设计活动中的不足之处。

(二) 协作性学习与个性化学习相结合的原则

体育信息化教学强调协作性学习的重要性。这种协作性学习不仅指学生之间、师生之间的协作，也包括教师之间的协作，如实施跨年级和跨学科的基于资源的协作学习等。同时，还要认识到重视协作性学习，并不是要否定学生的个性化自主学习。体育信息化教学还强调要以"学"为中心，注重学生自主学习能力的培养。协作性学习与个性化学习是相辅相成的，良好的个性化自主学习能够为协作性学习打好基础，而协作性学习又反过来促进学生更好地进行个性化自主学习。协作性学习与个性化学习是统一在学习过程中的，教师在学生学习活动中扮演着促进者与引导者的角色，因此，他们要自觉地对学生的学习过程予以引导、监控与评价。比如，在协作学习活动中，教师要让学生了解过往学习经验的重要性，引导其利用过去的学习经验与知识去解决新的问题。教师必须清楚地认识到，在体育信息化教学中，他们必须充分激发学生的积极性，要培养学生的协作能力，要注意遵循协作性学习与个性化学习相结合的原则。

(三) 利用各种信息资源提高效益的原则

如果对体育教学设计的形成情况进行分析，就会发现，它与效益往往有着十分紧密的联系。一开始，教学设计并不与教育活动有关，它是从企业与军事训练中产生的，人们进行教学设计的目的是明确的，就是要追求更高的投入与产出。之后，教学设计才被应用在教育领域，而在教育领域中，它的目的就变成了追求更高的教学效率。在体育教育领域，信息技术获得了不错的应用，学生充分利用信息技术提高了自己的认知能力，同时可以充分运用技术工具来将自己活跃的思维展现出来，同时让思维推理过程变得可视化。因此，体育信息化教学强调要充分利用各种信息资源来支持学生的学习活动，提出教师可以把"任务驱动"和"问题解决"作为学生学习和研究活动的主线，在有具体意义的情境中讲授相关的学习策略和技能。在体育信息化教学中，还强调要针对学习过程和学习资源进行评价。

绩效技术是与效率相关的一个重要概念，指有目的、有预定结果的行为倾向，是一个企业组织所期望的符合企业总目标的业绩。绩效技术是运用分析、设计、开发、实施和评价的系统方法来提高个人和组织机构的工作业绩的研究领域。作为一个整合的电子环境，电子绩效支持系统就是为了提高绩效服务而存在的。目前，随着现代网络、多媒体、无线通信、人工智能、人机交互等计算机通信技术的发展，电子绩效支持系统的功能实现与增强也获得了有力的物质基础保障。在计算机网络的支持之下，体育信息化教学可以基于电子绩效支持系统来促进学生的信息获取，帮助体育教师处理教学相关的工作。作为信息化时代的高效教学工具，绩效技术和电子绩效支持系统都是体育信息化教学的重要组成部分。

第二节 基于慕课的公共体育课程教学

一、慕课概述

（一）慕课的定义

慕课是一种在线课程，它具有大规模、开放性的特点。慕课的大规模特点一般体现在三方面：第一，从课程内容上来看，其非常多且杂；第二，从服务对象上来看，接受服务的学习者数量非常多；第三，从影响力上来看，世界上任何一个角落里的人都可以学习该课程。[①]

"M"就是Massive的首字母，该单词的意思为大量的、大规模的，这里的"大"不仅指注册课程的人数多，而且还指课程资源的丰富性，不过，这里需要指出的是，"大规模"是相对的；"O"就是Open的首字母，该单词的意思为开放的，这里的"开放"主要包括两部分的内容：第一，学习空间开放，不仅在校学生可以利用慕课课程学习，社会人员也可以利用慕课课程学习；第二，学习资源开放，所有人都可以自行下载课程资源，且课程是免费的；"O"就是Online的首字母，该单词的意思为在线的，这里的在线是说教师的教学、学生的学习、教师的监控评价等都可以在互联网上实施；"C"就是Course的首字母，该单词的意思为课程，课程的内涵十分丰富，不仅包括各种主题提纲、教师讲授内容视频，而且还包括学习资料、学习注意事项等。

总之，慕课就是一种讲究开放、规模较大的网络课程，它与传统的远程教

---

① 陈有富. 网络信息资源的评价与检索 [M]. 郑州：河南人民出版社，2018：342.

育存在明显的差异，更是与教学视频网络公开课的特点不同。因此，认识慕课应该从慕课应用实践出发，只有这样，才能了解其本质。

(二) 慕课的特点

1. 大规模性

慕课的大规模性是指慕课无论是形式还是内容都体现出前所未有的规模。从形式上看，它的课堂规模大，上课地点不固定，可以随着每个学习者而转移变换；它的时间也不受限制，可以是任何时间。因此，它的时空呈现出前所未有的广泛性。

2. 高度互动性

在教学过程中，教师与学生之间、学生相互之间可以展开互动。[①]

一是师生互动。在课堂上，教师对学习者的提问进行集中答疑，以一对多的形式进行互动；教师还可提供每周两小时左右的论坛在线时间，让学生与自己交流。在先进网络技术的支持下，教师可以看到学习者的笔记、问题，对其学习效果有清晰的了解，可以更有针对性地解答学习者的问题。

二是生生互动。学习者之间进行合作学习是"慕课"的主要学习方式。在授课过程中，教师可以将学习者分为若干小组，以小组为学习单元，每个小组研究一个主题。在完成任务的过程中，教师应充分调动每个成员的积极性，让其讨论学习主题、交流学习知识。对于不懂的问题，小组成员可以相互交流，也可以请教教师。学习者在线下可以通过微信、微博等形式交流遇到的问题。

3. 开放性

慕课的开放性主要体现在慕课平台建设的开放性、课程学习的开放性和学习资源的开放性等方面。慕课的大规模性依赖慕课平台的建构，慕课刚诞生时，还没有慕课平台，开放性也受到限制，但是随着慕课平台的建立、免费和资源共享理念的建构，慕课的开放性特性得到了空前的发展。

慕课的出现打破了高校对课程和学习资源的垄断状态，使所有的课程和学习资料状态变成开放共享的状态。第一，课程注册开放。全世界的任何人都可以利用该平台注册学习，无出身、种族、年龄、性别、职业等区别。第二，课程内容开放。只要注册了，学习者就可以选择学习每个平台上的任何内容，并且不再有其他任何限制条件。第三，学习时间开放。学习者可以根据自己的时

---

① 雷静. 互联网+在基础教育中的应用模式研究 [M]. 北京：北京航空航天大学出版社，2022：48.

间安排，什么时候有时间就什么时候学，不再局限于校园内的上课时间，也不再局限于学龄阶段。第四，学习地点开放。学习者不管身处何方，只要有上网终端，就可以在线学习，而不必局限于传统的大学校园和教室。第五，学习评价开放。一般采取智能评价系统或者学习者互评的评价方式考核学生的成绩。

二、基于慕课的公共体育课程教学的意义

（一）能让学生形成终身体育的意识

21 天效应是指当一个人的某些动作或某些想法每天重复进行，并连续坚持 21 天，这个行为就会成为一种习惯。[①] 然而，我国目前普遍存在的问题就是大部分高校的学生每周可能只有 1 节体育课，少数学生甚至没有体育课，这就导致学生的身体素质逐渐下降，长远来看，这种情况对学生的学习生涯是十分不利的。

此外，绝大部分学生缺乏自我锻炼的精神。慕课的应用可以很好地解决这一难题，慕课不仅不会受到教学场地和教学时间的限制，还具有倍速播放功能，能够将微小细致的动作更好地呈现给学生。而且，慕课还发挥了课后的监督与学习功能，利用多样化的形式监督学生的课后学习与课后锻炼，从而实现体育教学的有机结合，提升教学质量，也能提高学生的身体素质。最重要的是，可以培养学生终身锻炼的习惯，这个习惯形成之后，学生就会有意或无意地将体育理念带入生活当中，也能培养坚毅、自律的优秀品质。

（二）能激发学生的体育热情

在慕课环境下，教师可以充分了解学生的实际需求，与学生进行有效互动。教师可以根据学生的兴趣，对学生进行针对性指导，为学生推送适合的体育内容，使学生能够在内心真正喜欢体育。通过慕课环境的建设，可以有效实现教师和学生之间的角色转换，学生的主体地位得到了有效尊重，教师也不再采用传统的说教方式，而是与学生保持平等地位。在慕课环境下进行体育教学，学生可以积极主动地配合教师的教学活动，根据自己的时间来学习相应的内容，制定适合自己的体育训练计划。很明显，慕课有利于学生的自主学习。

---

① 房辉. MOOC（慕课）模式在高校体育教学中的运用探讨 [J]. 当代体育科技，2021（20）：128-130.

（三）提升学生的主观能动性

在大学体育教学中，学生是主体，教学设计以及教学实践都需要落实到学生，只有真正落实到学生，教学的有效性才能够实现。[①] 在慕课环境下进行大学体育教学，学生可以进行事先预习，针对所学的内容进行自主学习，然后再经过教师的讲解，可以使教学效果得到有效提升，学生能够针对自己的不理解之处进行重点学习，并且向教师提出相应的问题。教师可以根据学生的实际情况进行教学设计，为学生提供有效的技术指导，使学生可以获得相应的实践感悟。师生之间的有效沟通，也使学生可以获得针对性的辅导，进而促进体育活动的顺利开展。

（四）能促进体育教学目标的高效完成

在高校体育教学过程中，教师比较注重对大学生体育学习能力和终身锻炼意识的培养，进一步促进他们综合素质的发展，使其成为全面发展的社会型人才。经过一系列调查分析，可以发现，要想将慕课教育技术充分融入高校体育教学中，就需要相关体育教师更加注重对体育教学资源的整合和利用，让学生在互联网平台了解健康知识并进行相应的测试，进而提高大学生的整体水平。

三、基于慕课的公共体育课程教学实施的策略

（一）建立在线教学平台

在大学体育教学中，要想充分实现慕课的教学价值，需要建设系统的慕课教学平台，为学生提供展示自我的机会。慕课教学平台可以为师生之间的交流搭建有效的桥梁。与此同时，在信息技术的辅助下，学生可以通过移动终端设备进行线上学习，获取丰富的学习资源，根据自身的实际需求进行学习。教师通过向学生推送有效的学习资源，可以使学生灵活安排自身的学习内容，培养自主学习意识，随时与教师进行线上互动。建立慕课线上教学平台，需要积极应用互联网技术，为学生提供在线学习平台，这使学生之间和师生之间能够进行线上互动，及时分享自己的体育经验，通过师生共同努力，教学目标将更容易实现。

[①] 边文洪. 慕课环境下的大学体育教学策略[J]. 科教导刊（电子版），2020（19）：239.

(二) 建立完善的慕课教育技术体系

慕课教育在高校体育教学中的应用存在许多问题，要进一步提升高校体育教学质量，改善慕课教育的现状，必须加强对慕课教育体系的管理和监管。

首先，完善的管理体系是进行管理和监管的前提，因此，首要任务就是建立一个科学合理的管理体系。具有良好的管理机制才能更好地调控高校体育教学的人力资源分配，从而提升人力资源的利用效率，真正做到将体育教学资源共享，全面提升教学水平。

其次，要根据实际情况建立慕课教育的相关制度，科学合理的制度可以为慕课教育应用保驾护航。除此之外，随着技术的更新和教学情况的灵活变化，应对相关制度进行相应的调整，确保制度的完善，通过制度来约束慕课教育技术在高校体育教学中的应用，使其更加制度化、规范化、科学化。

(三) 提升高校师生网络素养

提升高校师生网络素养可以从以下几个方面入手。

一是要加强对师生的网络信息技术培训，使其掌握基本的计算机、互联网的应用能力，使其能够通过网络查找自己所需要的内容，并且针对高校体育慕课教学，开展相应的教学，使其了解慕课教学平台，熟悉该平台上的相关功能，以便日后能够正常使用这些功能。

二是要加强师生的网络道德素质教育，在使用网络的过程中，很多大学生容易禁受不住网络信息的诱惑，过度地沉溺于网络游戏、购物等娱乐活动中，甚至有些学生会浏览不良网站，这不仅严重影响了慕课教学的效率，而且还不利于大学生心理健康成长，因此，要加强教育，使师生能够严格地约束自己，合理地利用网络。

三是高校可以加强网络管理，通过设置网络防火墙等方式，屏蔽一些不良网站和负面信息，从而为大学生营造一个良好的慕课教学环境。

(四) 优化教学方案的设计

在大学体育教学中，慕课的应用可以让学生拥有一定的主动权。通过慕课教学，学生能够学习优质的课程，教师也能够对自身的教学方案进行不断优化。教师不仅要注重课前预习，而且还需要做好与学生的课堂互动。

在教学之前，教师应该做好充分的准备工作，与学生进行有效的事前交流，根据学生的实际情况制定教学计划，给学生布置预习任务，让学生根据学案进行预习，从而确保学生的预习效果。在教学设计中，教师需要针对难点和重点进行设计，确保教学过程的有效性，使师生之间能够深入探究，共同突破重点和难点，全面满足学生的个性发展需求，为学生提供有效的学习课件。

(五) 完善课程设计

根据教学的需求和不同运动的特点，优化慕课平台的功能，能为教师、学生等使用者提供更好的使用感受。[①] 在页面的布局方面，教师应按照使用者的操作习惯，对不同的运动设置不同的专区，并结合学生的运动爱好构建交流空间，或针对性安排体育课程和赛事，以提高学生对运动的热爱程度，促进学生的自发探究。同时，教师应优化平台中的教学内容，保证内容的质量，避免给学生带来不好的影响。

教师在设计和拍摄体育慕课视频时，需要结合教学大纲，根据所授学生的特点，系统、全面地制定教学目标。比如，在羽毛球等技术性较强的运动教学中，教师可通过慕课给学生进行动作示范，帮助学生通过动作分解，掌握握拍的技巧、四方球、小跳步伐等难点动作中的细节和要领。

(六) 打造精品体育慕课资源

慕课模式比较突出的特点在于平台课程资源的丰富多样，能够满足广大受众的需求，这就需要更丰富的精品慕课体育资源的加持。现在，平台的体育慕课资源虽然比较丰富，但是有些内容比较陈旧，或者重复率过大，没有很好地形成系统性。因此，平台后续应该注重内容的时效性和创新性，紧跟时代的发展潮流，同时要注重课程体系的构建，与高校形成互帮互助，让高校辅助体育课程体系的审批，从而使体育慕课兼具创新和系统性。

(七) 构建完善的慕课教学评价体系

教学考核是验证教学实效的根本保障。[②] 通过对体育教学进行考评，不仅能够检验学生对体育知识和体育技能掌握的情况，还能够为教师进行课程的优化提供重要的参考依据。在慕课背景下，教师应当及时转变教学评价的方式，改变以往传统、单一、片面的评价模式，充分利用慕课平台，构建一个更为健全、科学的教学评价体系。在新的教学评价体系中，其教学评价的方式更为灵活，评价的内容更为全面化、多样化。在具体的考评过程中，教师可以将学生

[①] 应文. 基于慕课理念的高校体育教学改革及实践探索 [J]. 科学咨询（教育科研），2020 (6)：44.

[②] 王栋梅. 高校实施慕课体育教学研究 [J]. 安徽工业大学学报（社会科学版），2016 (4)：115-116.

平时的学习情况，课程教学中学生的表现，师生之间、学生之间的互动情况作为教学评价的内容。在评价方式上，也不再是教师对学生的单向评价，而是可以让学生之间互评或者自我评价等，这让教学评价更为客观、全面。

第三节　基于微课的公共体育课程教学

一、微课概述

（一）微课的定义

微课的定义有很多种，至今没有形成共识。其实，微课是一种微型视频网络课程。①首先，将微课定义为"课程"，抓住了微课的本质属性，即教学属性。其次，突出微课的"网络"特征，与互联网时代的学习特点相契合。最后，强调微课的"微型"，抓住了微课的时间短、主题小的表现特征。

（二）微课的特点

1. 教学时间短

根据学生的认知特点和学习方式，微课的时长一般被控制在 10 分钟左右，与传统的教学模式相比，时间节约了，学生的听课效果明显提高。②由此，微课也被称为课例片段。

2. 资源容量小

一般微课资源的总容量在几十兆左右，这样的容量大小使得微课在互联网上的传播成为可能，也加强了学生和教师之间的交流。

3. 学习移动性

微课资源容量小，除了为交互式学习提供便利外，还使移动学习成为可能。移动学习在数字化学习的基础上通过有效结合移动计算技术给学习者带来了随时随地可以学习的全新感受。移动学习被称作当前教育信息化发展下的学习革命，也被认为是学习者在未来学习时不可缺少的一种学习模式。

---

① 徐春建. 定义·要素·平台：微课热潮下的冷思考［J］. 教学月刊小学版（综合），2021（10）：59-62.

② 王彦槐. 微课的特点及在课堂教学中的应用［J］. 甘肃教育，2019（2）：73.

在微课学习中，学生可以利用手机、iPad 等多种播放器进行观看视频，这恰巧是微课移动性的体现。这种学习的移动性使学生的学习更具有效率，并且可以给学生带来多元化的学习体验，促进学生自主学习目标的实现。

4. 学习自主性

微课是一种以建构主义为指导思想的教学方式，它以在线学习或移动学习的方式向学生传授一些简要明确的主题或关键概念。因此，这种形式完全有异于传统课堂教学，整个微课教学过程中学生的学习活动不受教师的监控，学生的学习完全是一种自主学习。学生面对学习内容时具有很大的自主选择性，而且在学习过程中可以根据自己的喜好、疲劳程度随时开启或终止学习，也可以根据自己的理解程度反复观看视频。从某种程度上来看，学生的自主学也恰恰是其学习个性化的体现。

二、微课应用于高校体育教学的必要性分析

（一）有利于彰显人本思想

体育教师课前为大学生提供优秀的学习资源，在教学实践中给予相应导向，便可以达到预期的教学效果，这种教师课前多做功课，学生学习时更加省力的做法，便是"以人为本"理念的体现。以大学生的本位观念思考，激发大学生自主学习的做法，这也是"以人为本"理念的最好实践。

（二）有利于提高大学生的审美情趣

微课能够充分映射出体育教学的各种技巧，可以帮助大学生去感知、欣赏和体验，能够给参与者以美的享受，并使其在美的熏陶下体验运动的乐趣。

（三）有利于提高学生体育学习的自主性

随着信息技术的不断发展，网络已经成为学生生活与学习中不可或缺的一部分，也给教师的教学工作带来了极大的便利。[①] 在高校体育教学过程中，较之传统授课模式而言，网络教学与多媒体教学则更有利于吸引学生的兴趣。而微课是一种网络教学模式，能帮助教师结合教学计划与目标，综合考虑教学的重点与难点，集中性地进行知识教学和技能讲解。学生可以不受时间、地点的影响，灵活、自由地进行学习。除此之外，教师可以精心地对微课的内容进行设计与制作，这使微课变得生动有趣，进而使其能更好地激发学生对体育学习

---

① 桂海荣. 微课在高职体育教学中的应用研究 [J]. 当代体育科技，2020（27）：142-143，147.

的兴趣与热情，这就使传统的教师被动教学转化为学生的主动学习，从而大大提升了教学的质量。

（四）有利于促进体育教师的专业成长

体育教师在制作微课时需精心选择内容，否则难以起到相应的效果，这对体育教师提出了更高的要求，其中包括掌握教育信息技术及教育信息化与体育相结合的知识。这就要求体育教师需顺应教育信息化的发展要求，主动加强学习，与时俱进，促进其教育专业成长。

三、基于微课的公共体育课程教学实施的策略

（一）科学分配微课教学与课堂教学的时间

利用微课进行教学，给予了教师一定的挑战。教师在进行教学时，要根据微课视频的时间进行主要教学内容的代入，科学地分配好微课视频教学内容与课程实际教学内容，并需要分配微课教学时间以及课堂教学时间。这样才能充分利用微课，提高学生的学习积极性和自主性，使微课教学的价值得到有效发挥。

在高校体育教学中引入微课教学模式，能够实现高校体育教学的先进性。教师要灵活地掌握微课在高校体育教学课程中的运用，通过微课视频有限的时间，将主要的体育教学内容进行简化，使学生在学习体育知识时更加简洁明了地了解到所要学习的主要内容，使学生的学习思路更加清晰。但要注意的是，高校体育教师在利用微课视频进行体育教学时，应懂得将微课视频的特点以及课堂教学的特点相结合。例如，在进行篮球教学时，一味地使用微课让学生进行自主研究，会使学生对篮球运动的技巧知识模糊，同时也会由于课程设计不合理，导致课程教学混乱，这不利于体育微课在高校体育教学中的有效应用。高校体育教师在利用微课进行教学时，应注重了解体育课程的项目分配以及做好体育课程教学的每一个知识点的划分，每一个微课视频讲解一个主要的知识点，突出知识点的特征，这使微课下的高校体育教学课堂能够更加灵活。在让学生观看完微课之后，完成相应的技术动作练习之后，教师就能逐步地进行篮球运动相关知识教学。

（二）精心设计微课内容

体育教学所涉及的运动种类繁多，学生的兴趣爱好也各有不同，当学生对某一运动项目缺乏参与兴趣与动力时，教学的效率会受到很大的影响。课堂时

间有限，教师也不能因为一味地满足学生的兴趣而忽视教学的目标。微课教学能较好地解决这一问题。体育教师在借助微课进行授课时，可以结合教学目标和学生兴趣对微课内容进行精心设计与优化，这使微课内容更有针对性。在体育课堂上，教师结合教学规划逐步展开授课，课后，则可让学生通过精心设计的微课进行自主学习。这样既能满足学生的兴趣需求，又能保障教学目标的实现。

（三）重视课堂互动

课堂教学阶段主要包括协作讨论、自主练习、师生互动及成果展示4个环节。在教学活动开展的过程中，每个环节都强调了学生的参与性，这在调动学生的体育学习主观能动性方面是十分有效的。[1]

首先，教师通过示范与讲解之后，可将学生进行随机分组，并以小组为单位，引导学生展开自主练习。

其次，在协作讨论环节，教师可汇总学生在前置学习与自主练习过程中遇到的相关问题，并选择较具代表性的问题让学生以小组讨论的形式展开探讨。学生通过自主练习已在脑海中建立起基础的运动表象，此时进行相关问题的讨论可确保讨论过程有的放矢。

再次，学生通过小组讨论无法解决的问题，可与教师进行共同探讨，此举在提高课堂互动性的基础上，还能有效调动学生的学习积极性。

最后，在学习成果展示环节，教师可对学生展示过程进行视频拍摄，并通过相关软件对视频进行剪辑处理，继而通过视频回放、慢放等功能引导学生将自身动作与标准动作进行对比分析，使其能在加深对标准动作认知的基础上，发现自身的不足之处，并及时加以练习与改正。

（四）分层次展开个性化教学

每个学生都是独立的个体，不同学生的学习能力和接受能力也有所差异，如何兼顾班级学生的学习需求是很多体育教师需要解决的重点问题，这对教师的教学规划和教学方法提出了一定的要求。身体素质较高、学习能力较强的学生通常理解和学习的速度比较快，简单的教学无法满足他们的需求。而对于体育基础薄弱、身体素质一般的学生而言，太难的运动他们又难以消化和承受。因此，教师可结合学生的能力和水平对学生进行分层，再根据不同层次学生的学习需求来设计微课视频，做到因材施教，让学生根据自己的需求观看微课视

---

[1] 林志坚. 微课在中学体育教学活动中的应用探索 [J]. 当代体育科技, 2020 (26): 85-86, 89.

频,最终实现教学目标。

(五)加强对学生课后的监督

体育课堂教学活动的结束并不意味着体育教学活动本质上的结束。在课堂教学活动结束之后,教师还应为学生提供及时的课后指导,帮助学生解决课堂教学过程中尚未得到解决的问题,并通过对课外活动时间的充分利用将体育教学活动拓展至课堂之外。此外,体育教师应注意鼓励学生在课外活动时间,乃至周末休息时间相约在校内或校外的相关运动场所运动,并通过社交 APP 将相关运动情况与同学、教师进行交流,以方便教师对学生的学习状况有一个全面、客观的了解。

第四节 基于翻转课堂的公共体育课程教学

一、翻转课堂概述

(一)翻转课堂的定义

翻转课堂又称反转课堂、颠倒课堂,译自"Flipped Classroom"或"Inverted Classroom",是技术与教学深度融合催生出的教学新模式。自2012年引入以来,在中国刮起了一股教改风。翻转课堂是混合式学习的一种,翻转课堂上的学习整合了在线学习经验。[1] 在这种教学模式中,教师可利用多媒体技术手段制作简短的教学视频以及布置相关练习,在课前发放给学生自主学习。这样课堂就变成了教师与学生、学生与学生互动的场所,这样,教师就把传授知识交由学生在课前自主完成,答疑解惑、知识内化则被转移到课堂上由师生共同完成,实现了先学后教的翻转。

(二)翻转课堂的特点

1. 重构教学流程,优化认知环节

翻转课堂颠倒了传统的教学流程,优化了学习认知环节。

---

[1] 陈鹏勇,张亦,苏宝华. 翻转课堂的优势、特点与教学过程探析[J]. 教育信息技术,2019(6):75-76,64.

在课前，学生进行知识学习。学生在平台上自主学习教学视频与有关资源，并通过针对性的练习进行检测反馈。在这个环节中，教师应发挥主导作用，利用自己的理论知识优势，并结合学生的认知方式、思维特点，对教学内容进行分解和重组，以制作出适合学生接受和理解的微课。

同时，学生也应充分发挥自身的主体性，即学生需要根据自身需要完成有关内容的学习，详细记录学习过程中遇到的困惑点。此外，学生可反复观看视频，借助教学工具、网络资源开拓思维，也可在讨论区中提出自己遇到的问题，并积极参与教师、同学之间的交流讨论。

在课堂上，学生进行知识内化。教师依据教学内容和学生课前学习时产生的疑惑，归纳并提出有意义的问题，引导学生采用自主探究、小组协作、项目实践等方式解决问题，让学生通过成果展示进行交流分享，完成知识内化。之后教师可采用过程性评价、总结性评价等多元评价方式对学生的学习情况进行评价。

课后，学生进行拓展提升。教师为学生布置难度适中的练习作业，提供丰富的拓展资源，以供其可以选择性的学习。同时，教学平台为学生提供了知识管理工具、评价反思工具等，学生可通过相关学习工具对自身学习情况进行反思，从而进一步深化知识理解与建构，促进知识的迁移。

2. 增进师生互动，强化交流协作

在翻转课堂中，师生之间、生生之间的多维交互明显增加，师生之间、生生之间的交流不仅仅局限于课堂上面对面的互动，也体现在线上交流上。

课前，学生在观看教学视频、完成学习任务的过程中可能会对某些知识点产生困惑，他们可将这些问题提出来，以获得教师与学生的帮助。教师根据学生的提问，在与学生的交流互动中帮助其解决问题。师生的课前互动，一方面可以帮助教师进一步了解学生掌握知识点的具体情况，另一方面可以帮助教师在课堂上更具针对性地对疑难困惑点进行讲解，也可以帮助教师灵活调整教学进度。

课中，教师根据学生作业及交流反馈情况，引导学生采用自主探究、小组协作、项目实践等方式解决问题，并鼓励学生运用平台工具分享学习经验与实践研究成果。课中的交流、探索有助于培养学生的交流协作能力。

课后，学生可以根据课中学习情况，在学习空间进行总结反思，交流分享经验；可以组成线上、线下讨论小组，继续完善项目实践。

在翻转课堂上，师生之间及生生之间的线上与线下的交流互动明显增加，一方面，学生将会更加主动地参与学习活动，并积极分享学习成果与经验，师生之间的沟通交流将变得更为顺畅。另一方面，可以改善学习氛围，学生及教师成为学习共同体，更能充分地发挥团体的力量，使学生更加主动的学习。

3. 变革教学方式，促进个性学习

翻转课堂能有效变革教学方式，促进学生个性化学习目标的实现，培养学生的自主学习能力，同时有助于提升学生的学习效率。

在传统课堂上，教师负责统一讲授课程知识点。教师是知识的权威者和传播者，学生一般只能被动地接受知识。而翻转课堂则使教师摒弃了传统的"以教师为中心"的教学观念，坚持"以学生为中心"，这让教师的教学更具有针对性特点，学生的学习也更具个性化特点。

课前，学生可先行观看教学视频，根据自身的实际情况，对重难点进行反复学习；课中，教师可引导和辅助学生学习，鼓励学生主动参与小组协作学习，小组学习能提高学生的自主学习能力；课后，教师向学生推送课外拓展资源，学生可以根据自己的兴趣爱好，选择自己感兴趣的内容学习。因此，翻转课堂充分体现了"以学生为中心"的教学理念，促进了学生个性化学习目标的实现。

二、基于翻转课堂的公共体育课程教学的优势

（一）对体育教学所发挥的优势

1. 有利于实现新技术和体育教育的完美结合

翻转课堂作为高新技术化产物，它可以将学生的课前预习与课中学习联系起来，使学习不再被局限在课堂上，学生在自己的日常生活中也能完成某些知识的学习。在实际的教学中，教师会充分利用信息技术来传递知识，这是一种十分生动形象的方式，以至于学生非常乐于接受，更能主动学习知识。学生在进行课前预习之前，教师应给学生制定合理的课前预习标准，同时当学生预习完毕之后教师还应该成为学生课堂学习的向导，引导学生去解决自己在预习过程中遇到的问题，并且不断加强与学生的互动。

2. 有利于体现体育教学的讲练结合

理论知识与实践知识是同等重要的，尤其是对于体育这门学科来说，学生不仅要掌握理论知识，同时还要学习实践知识。但对学生的体育学习情况进行分析，可以发现，学生花费在课堂上的理论学习时间较多，并且没有形成参与实践锻炼活动的意识，这就导致从整体上来看，学生的体育学习效果并不好。正是因为如此，教师必须在体育课堂上遵守讲练结合的原则与要求。

翻转课堂教学模式就是一种符合讲练原则的教学模式，教师可以在课堂上积极引入这一教学模式。在课前，学生可以借助网络平台完成知识的预习，这

样就能对将要学习的知识有个基本的了解。当然，这毕竟是学生进行的自主学习活动，在学习过程中，他们或多或少地都会遇到一些问题，当学生遇到问题时，他们可以进行适当的思考，一旦他们的思考无效时，他们就可以向教师寻求帮助，这时教师就能在课堂上完成对学生问题的解答；教师可以让学生主动提问题，这样他就能了解学生在预习过程中遇到的各种问题，从而在分析问题的基础上给予学生有效的解答。讲练结合能将旧知识与新知识联系起来，能让学生时刻都可以完成相关理论知识的掌握与练习。

3. 有利于实现体育教学要素的优化组合

从课程的结构上进行分析，可以发现，翻转课堂与体育教学并没有什么实际的差异，主要的差异体现在翻转课堂十分强调学生的课前学习。教师会让学生在课前对某些技术动作有基本的了解，当然这种了解可能伴有一些疑惑，但对于这部分疑惑，教师可以帮助学生在课堂上解决，这样，课堂时间就获得了有效的利用，也能保证课堂教学的质量。翻转课堂是一种特殊的教学模式，它甚至能颠覆学生的学习活动，让学生的学习活动不再为教师所主导，学生可以开展自主学习活动。学生从内心深处开展自主学习能让他们对各种体育理论知识与动作技术有清楚地掌握。翻转课堂各大要素其实并不稳定，它们是会发生变化的，正是因为如此，教师需要根据实际的教学情况进行合理的改变。

4. 有利于素质教育在体育教学中的落地

当前，国家正在大力实施素质教育，素质教育的实施需要全方位的保障，其中一个就是教学模式。翻转课堂教学模式就是一种能促进素质教育实施的教学模式，能保证素质教育实施的效果。在体育翻转课堂教学模式之下，学生的学习变得更加自主，他们可以更加自由地根据自己的喜好选择学习内容、学习方法等。学生在开展自主学习活动的过程中，可以借助不同的技术平台，他们需要主动注册账号，然后在平台上与教师、其他同伴加强交流，这样，当学生遇到问题时，教师与同伴就能给他们提供一些必要的指导。同时，对于教师来说，他们也能充分了解学生的个体差异，并在尊重、分析学生的个体差异的基础上确定学生的学习目标。

究竟学生的自主学习效果如何，教师要对其在网络学习平台上的情况进行评价。同时，教师还应该综合学生自我评价与小组评价的结果，这样，教师就能了解究竟翻转课堂教学模式是否能促进学生学习效率与质量的提高。因此，翻转课堂教学模式有助于学生学习兴趣、学习态度以及学校热情的转变。

(二) 对教师所发挥的优势

(1) 教师能从重复的备课、讲课中解放出来，可以提前了解学生的学习情况，有针对性地对学生进行培优补差、个别辅导。

（2）教师能将以学习者为中心的理念在体育教学中落实。多年来，教育界一直强调开展以学习者为中心的教育教学，但限于教学条件、学习者人数多等因素，真正做起来困难重重。而翻转课堂教学模式实实在在地强调以学习者为中心，体育教师利用翻转课堂模式开展体育教学，能将自己对学生的引导、指导、答疑作用发挥出来。

（三）对学生所发挥的优势

1. 有利于提高学生自主学习的能力

学生在课前会通过观看教学视频完成相关知识点的学习，而在这一过程中，教师并不会发挥什么作用，主要依靠的就是学生的自主学习。可以说，在这一过程中，学生的自主学习能力必然会有所提高。

2. 有利于提升学生的主观能动性

无论是从课前自学环节来看，还是从课堂讨论环节来看，学生的被动地位被打破了，他们开始主动地去分析、解决问题，这就表明，其学习主观能动性已经明显提高。

3. 有利于转变学生的学习态度

过去，学生的学习态度并不积极，甚至他们在学习中遇到问题时，也并不主动向教师、同伴请教。但在翻转课堂上，学生的这种态度发生了明显的改变，他们变得积极主动，特别乐于学习。

4. 有利于拓展学生的社交能力

翻转课堂强化了网上互动、课堂互动等环节，让教师可以获得更加充沛的课堂时间。在课堂上，过去教师与学生无法进行频繁互动，学生的许多问题得不到有效的解决，而现在，借助翻转课堂教学模式，教师与学生的互动不仅频繁，而且顺畅。

5. 有利于最大限度地减少学习有困难的学生的人数

学生在课前可以学习教师提供的与其将要学习的内容有关的视频，在观看过程中，如果学生遇到了某些问题，那么他们就能选择反复观看。这样，学生在反复观看视频的过程中就能自行解决一些问题。而且，教师对学生进行的测评也是一种进阶式的测评，能让学生逐步地完成知识的学习。

6. 有利于帮助学生在体育知识和技能方面深度优化

首先，翻转课堂翻转了传统教学的顺序，以至于相比传统教学，它的可控性与灵活性更大一些。学生在线下完成体育理论知识预习与技能知识预习都能为其课堂学习打下坚实的基础。同时，教师所选择的课堂内容、所进行的课程设计也都非常具有针对性。一方面，体育翻转课堂是一种虚拟课堂模式，教师运用这一模式可以完成线上教学，学生则可以有效拓展自己的学习空间与时间。另一方面，教学的受众发生了变化，过去，教师要面对的是全体学生，但在翻转课堂教学模式之下，教师面对的是学生个体。因此，教师应该根据不同学生的特点为其制定相应的教学计划。

三、基于翻转课堂的公共体育课程教学实施的策略

（一）课前环节的教学

1. 在线体育教学平台的建设方法

优质教育资源和信息化学习环境建设是教育信息化发展的基础。翻转课堂是信息技术不断发展的结果，在运用这一教学模式时，教师也应该大力挖掘优质的教学资源，加强信息化环境建设，而这两个问题其实就是构建虚拟教学平台的问题。

学生在课前所完成的自主学习活动是通过在线虚拟教学平台实现的。因此可以说，在线虚拟教学平台在一定程度上就成了翻转课堂实施的基础与前提。加强在线虚拟教学平台建设，笔者认为，应该做到以下几个方面。

（1）选好网络教学平台

随着翻转课堂教学模式越来越为人们所重视，各种网络教学平台也不断涌现了出来。这就要求教师在选择网络教学平台时一定要慎重，不仅要充分分析平台的各项功能，同时还应该对网络环境是否能满足自己的教学需求予以考虑。

（2）做好体育教学资源的开发与上传

学生在课前开展的自主学习活动依靠的是教师提供的教学资源，因此可以说，教师提供的教学资源在一定程度上还会影响学生自主学习的质量，进而影响翻转课堂教学的效果。体育教学资源的形式是多种多样的，它们可以是微视频的形式，也可以是动画的形式，等等。无论是哪一种形式，体育教学资源的来源渠道主要有两个，一个是由体育教师自行制作，另一个则是教师对存在于互联网上的资源进行合理的搜集与加工。综合学生的喜好，可以发现，学生比较喜欢一些视频学习资料，因此，教师所进行的微视频制作工作就成了体育教学资源开发的关键所在。

（3）营造良好的在线体育教学环境

为了能最大限度上吸引学生的注意力，笔者认为还应该加强在线体育教学平台的环境建设。一般情况下，一个在线虚拟教学平台除了包括教学资源上传

模块之外，还应包括在线交流模块、在线测试与评价模块、学习成果展示模块、作业的发布与批改模块、讨论模块，以及学生在线学习的跟踪与监控模块等。

教师通过调取学生登录在线体育教学平台的登录次数与时间数据，就能对学生的学习情况进行全面的跟踪与监控，因此，对于这一板块，体育教师没有必要进行相关设计。而对于其他模块的建设，体育教师不仅要做到个性化，而且还要做到精细化，从而使每一个模块都能吸引学生的注意力。

(4) 做好体育教学内容模块的切割

体育教师还需要对体育教学内容进行有效的划分，并在此基础上完成在线体育课程教学资源模块的确立。

在对体育教学内容进行有效划分与切割时，应该注意以下几个方面：第一，要以教学计划与教学目标为依据，不能盲目地进行划分；第二，要对学生的实际需求进行合理的分析与判断，不能过于依赖自己的主观意识；第三，要对每一个模块都给予足够的重视，同时保证每一个模块的完整性；第四，还应该指出不同模块之间的联系，保证不同模块之间的连贯性，避免碎片化；第五，充分考虑学生学习进度的差异，要保证每个模块在被切割之后的稳定性，要同时使其保持一定的灵活性；第六，在每一个教学模块结束之后，都要对其进行合理的评价。

(5) 加强在线体育教学过程的组织管理

对体育翻转课堂教学实践进行分析，可以发现，体育教师所进行的体育课程设计其实是贯穿在课前、课中和课后三个环节中的，这其实也是保证体育教学能够成功的关键。每一个学生在许多方面都是存在明显差异的，这种差异性导致其可能会因为某些原因而无法完成教师布置的任务，这其实给体育教学带来了很大的困难。为了使自己的课程计划能够顺利实施，体育教师除了要完成基本的教学任务之外，还应该继续加强课前的组织与管理工作。经过合理的分析与探究，笔者认为，体育教师在课前的组织与管理工作主要集中在以下两个方面：第一，教师要合理选择教学内容，合理分配教学时间，要合理选择教学方法，从而全方位完成对学生体育学习的指导；第二，教师应该对学生的学习动态予以监控，不仅要监控学生的在线学习情况，而且还要监控学生的自我评价情况，要对学生在学习过程中存在的各种不足予以了解，同时还应该为以后的课堂实践活动提供合理的依据。

(6) 注重在线体育教学效果的评价

翻转课堂改变了传统教学的顺序，其顺序为"先学后教"，学生在课前已经完成了相关知识点的学习，教师对学生的学习情况进行具体分析、评价，就能了解其在学习中遇到的问题，同时这些问题就成为其进行教学设计的实践依据。

在线评价教学的方式有很多，主要有学生个人评价、同伴评价与教师评价等。依据在线评价的结果，教师可以更加灵活地开展课堂教学活动，可以加强与学生的互动。

2. 对学生在线体育学习效果的评价方法

在翻转课堂模式之下，学生必须在课前完成相关知识的学习，这是其完成课中学习的基础。将翻转课堂教学模式应用在高校体育教学中，需要关注的一个重要问题就是要对课前学习效果进行评价。体育课是一种十分特殊的课程，技能应该是其教学内容的重点，如果教师一味地进行在线测试，那么，学生只能片面地掌握体育知识，并不能较为全面地掌握体育知识，这就要求体育教师应该具有灵活性，能够另辟蹊径。

这是一个信息时代，每个人几乎都有一部智能手机，这就让人与人之间的沟通与交流变得更加容易，这给教育领域以启示，借助信息技术，可以延伸教学的空间，使师生互动可以在课外获得新的发展。基于此，可以将翻转课堂应用在体育教学中。翻转课堂应用在体育教学中，体育教师需要关注的点有很多，其中，学生在线体育学习效果的评价就十分重要，应该从以下三个方面对这一点予以理解：第一，评价结果能帮助教师充分了解学生掌握体育知识的程度；第二，学生可以将自己的动作训练视频以小组的形式发送到微信群中，教师在浏览完视频之后就能对学生的体育动作掌握情况有清楚的了解。

(二) 课中环节的教学

课中体育教学的开展是在线下课堂，在这一环节，体育教师与学生是面对面的。体育教师应该抓住这样一个良好的互动机会，不断给学生提供更多的知识，同时也要引导学生积极完成其布置的任务。教师在课中环节布置给学生的任务主要体现为以下几个方面：第一，对学生的体育动作技术进行合理的分析与指导，从而使其动作技术变得更加规范；第二，教师要对学生在课前自主学习中存在的问题进行详细的讲解，同时还可以对有些无法弄清楚答案的学生进行针对性辅导；第三，教师可以给学生提供一个与教学内容有关的主题，让他们就这一主题进行合理讨论，当然，在讨论过程中学生可能会产生一些疑问。面对这种情况，体育教师可以对学生进行适当的指导；第四，要定期组织学生展示自己的学习成果，让学生彼此之间可以分享自己的学习经验，这样，他们就能共同进步。

如果从实际的情况上来看，体育教师在传统体育教学模式下和翻转体育课堂教学模式之下的工作并没有什么差异,只不过它调整了某些方面,不仅调整了教学时间比例,而且还调整了教学方法与策略。具体来说,这种方法与策略的调整主要可以从以下两个方面体现出来。

1. 课中体育教师讲解和示范的策略

体育教师可以利用线下交流方式进行测试,同时,对学生的学习过程还应该进行具体的探究,了解其存在的问题。教师需要统一讲授学生存在的普遍性问题,对于那些有着特殊问题的学生,教师可以对其展开针对性指导。教师没有必要讲解所有的知识点,而是应该找到某一个问题的切入口去"精讲",这样就能帮助学生更加轻松地理解这些内容。

体育教师如果还像以前一样围绕着某一个问题进行讲解,那么,他们花费在课堂上的时间就会非常多,这让不少学生可能会产生厌烦情绪,进而会对其学习的自主性产生一些消极影响。而且,更为重要的是,如果体育教师坚持在课堂上进行全方位的讲解,很可能会让学生的积极性受挫,同时,教师与学生之间的交流机会也会减少。长此以往,学生可能就会习惯教师的这种讲解,不愿再对问题进行独立思考。

体育教师应该根据学生在学习体育技术动作过程中存在的问题找到几个比较需要额外注意的动作进行示范,这样就能提升示范的针对性,也能帮助学生最大限度上解决问题,更能让学生获得更多运动锻炼的机会。

体育教师在课堂上所进行的具体的讲解与示范,能让学生获得大量进行实践探究的机会,这种"精讲多练"的课堂不仅能让学生掌握大量的理论知识,而且还能不断丰富学生的运动体验,能让其对体育知识与技能有更加深入的理解。

2. 课中体育教师对体育教学活动的组织管理方法

体育教师要有意识地为学生组织各种各样的教学活动,这些活动能让学生更加快速地内化所学的体育理论知识,也能巩固其所学技能动作。体育教师为学生组织的课堂教学互动形式多种多样,可以是分组探究活动,也可以是学习成果展示活动等。学生在课前是完成了自主学习活动的,在这一过程中,学生会掌握一些基本的理论知识,同时也会学习一些动作技术。当然,因为全程没有教师的指导,学生的技术动作难免会有一些失误,因此,体育教师在课中的任务就是规范学生的动作技术。在课堂上,教师要让学生观看一下视频回顾一些具体的动作技术,然后自己亲自做示范,让学生跟着自己训练。这样的亲自示范是必不可少的,能让学生更加直观地了解自己动作的错误之处,进而合理改正。

教师可以对学生进行分组,让学生一起进行动作技术的研究与探讨。为了激发学生探讨的积极性,教师还可以让不同的组之间进行比赛,在比赛的过程中，学生的协作能力将能获得培养，他们探讨的成果也能得到展示。当比赛结束之后，教师还要鼓励每个组都将自己的学习经验与感受分享出来，这样，不同的组在相互激励中就能实现自身的提高，学生的各项能力也能获得培养，重要的是，他们的身心也能获得健康发展。

(三) 课后环节的教学

学生对各种不同的内容在课前完成了学习，同时，在课堂上，在教师的引导下，他们又进行了相关技能训练，这就使其理论知识实现了较高程度上的内化。倘若对认识的形成过程与动作技能形成的基本规律进行分析与探究，那么，就会发现，学生的课前、课中学习与实践环节存在一定的欠缺，并不完整。在把握这一基本规律的前提下，动作技能的形成主要包括三个环节，分别为泛化（课前自主学习阶段）、分化（课中参与的各种体育实践活动阶段）和巩固（动作技能形成阶段）。在这三个环节中，最为重要的当属巩固环节，因此，教师在实施翻转课堂教学模式时，不应该只是向学生传递新知识，还应该引导学生进行旧知识的巩固。学生具有逻辑分析能力，他们对自己学习中存在的问题往往也能进行有效的反思，就是这样的反思可以提升其学习的效率与质量，同时，这也是教师在体育教学中实施翻转课堂教学模式的一个目的。

翻转课堂的三个环节是被紧密联系在一起的，三者共同构成了一个有机的学习系统。课前，学生的主要任务就是对新知识、新技能有基本的掌握，到了课中阶段，学生的主要任务就是参与教师为自己组织的各种实践活动，并在参与的过程中完成对所学理论知识的内化，课后，学生的主要任务就是巩固前面学习的所有内容。

要使翻转课堂教学模式在公共体育课程教学中取得一定的成效，笔者认为，就应该在促进翻转课堂教学模式的融合上下功夫，而做到这一点，最为重要的应该是要实现翻转课堂教学模式与传统教学模式的融合。具体来说，教师可以将翻转课堂教学模式与各种媒体教学平台结合起来，可以与"云班课"结合起来，也可以与"腾讯会议直播"结合起来，这样的一种结合能让翻转课堂教学模式的实施效果更好，同时还能彰显其特色。此外，还应该重视翻转课堂与其他教学模式的结合应用，比如，可以将翻转课堂与探究式教学模式结合起来应用，教师充分利用信息技术将教学内容传递给学生，同时组织学生进行小组内部的合作探究活动，这样，翻转课堂就与探究式教学方法实现了有效融合，且学生的探究能力也能有所提高。翻转课堂教学模式还应该注意"线上"与"线下"的融合问题，在实际的操作中，教师必须合理地分析教学内容，并在此基础上完成科学的教学设计，这样，翻转课堂教学模式就能变得更具特色。

第六章　公共体育课程教学创新的保障体系

关注学生的全面发展一直都是我国教育的重要一环,随着社会水平的提高和社会经济的发展,社会对人才的标准也变得更高。高校毕业生除了需要具备一定的专业知识和实践技能之外,身体素质的优劣对于其以后的工作也有重要影响,这对高校公共体育教学提出了新的要求。公共体育课程教学作为必修课程,应致力于提高体育教学质量,增强学生身心素质,不断创新课程教学保障体系。

第一节　公共体育教师的发展

一、高校公共体育教师发展的现状

(一) 学术研究意识较淡薄

1. 学术氛围制约科研发展

教师的科研能力是其个人知识、素养、水平的综合反映,主要包括个人的科研素养、创新能力和撰写研究论文的能力,同时高校全体教师的积极参与是培养创新学术氛围的基础。高校体育科研作为高校科研的重要组成部分,承担着培养体育专业人才,促进学生体质健康以及构建校园体育文化等关键作用。但目前高校内针对体育教师的专业培训多以技能为主,尤其是教学型高校,对于体育教师的科研和学术培训没有足够的重视,且因为运动专项和研究方向的不同,很难形成学术共同体,体育教师在入职初期需要自己摸索,较为被动。

2. 学术研究教育理念的冲击

近年来,高校鼓励教师和学生积极创新,换言之,就是对教师的学术能力提出了更高的要求。教师的学术能力需要用一些科研成果来证明，所以不少高校教师将重心放在科研上，这种观念对体育教师产生一定的冲击。高校体育学科的学术性较弱，这就使得体育学科在高校的边缘地位更加明显。多数体育教师不论是知识结构还是科研能力都与其他学科的教师有着一定的差距，面对突如其来的变化，难免会手足无措。

3. 学术意识淡薄，科研素养偏低

体育教师的科研现状在某种程度上也是衡量体育科研水平的重要因素。体育教师从事科研工作，既是教师专业成长的重要途径，也是学校体育改革与发展对体育教师的要求。新入职的体育教师要担任教学工作，同时还要承担训练和课余社团的指导工作。但有学者发现体育教师科研意识淡薄，这与其投入的时间与精力过少有关，多数体育教师没有合理分配时间，主观上还是将科研归属于被迫完成的任务，自主性不高，"尾随性"思维普遍存在，研究处于低水平阶段。

由于普通高校体育教师以教授公共体育课为主要任务，较少涉及本专业技能之外的学习，如计算机、英语等，再加上国内培养体育类博士的学校数量较少，招聘时又多以硕士为主，如果青年教师的运动等级高，还会放宽至本科学历。因此，这就容易造成体育教师的文化素养和科研能力在没有多少累积的前提下就进入高校工作，整体科研水平较低。[①]

（二）专业教学发展受限制

1. 教师自主转变意识欠缺

意识引领行动，行动反映意识。由于高校体育课程目标多数是以掌握技术动作为主，忽略了对学生体育意识的培养，弱化了学生的自主性，因此，部分体育教师凭借着入职前所掌握的那些"把式"便可享用终身，万变不离其宗，不积极主动进行专业发展，这样的教学忽略教学对象的变化，缺乏对运动项目规则与技术能力的深度探索。体育教师受以往学习经历的影响，或部分体育教师非师范专业出身，容易重视专业技能而忽视了教学能力，把"教完了"当作"学完了"，不清楚大学生群体对于体育课程的真实感受，也没有跟上项目发展的趋势，在职后会逐渐丧失对技能提升的兴趣。

2. 教师专业发展动力的缺乏

部分高校"智育为先"的理念仍然存在，导致体育课受到的重视程度不高，为体育教师提供的培训较少，使得部分体育教师自我成长的动力不够，在

[①] 巩雪. 高校青年体育教师发展的三重困境及消解策略 [J]. 当代体育科技, 2022, 12 (33): 190-193.

思想上有意无意地淡化体育的功能和价值。这也在一定程度上挫伤他们的工作积极性，影响其专业成长。

3. 技能水平提高缓慢

体育教师在进入高校工作后，高强度和自主性的训练将不复从前，取而代之的是重复性和低强度的教学工作。技能作为体育教师的看家本领，若要始终保持技能水平不下降，则需要投入大量的时间和精力。然而长期低强度和机械性的教学工作难以产生较好的运动效果，甚至会让教师产生厌烦情绪，这必将导致体育教师的身体素质难以维持之前的水平，也会影响高校体育教师对学科发展和教学竞赛的热情。

4. 体育教师职称评审比较困难

不同的地区，其职称评定要求也往往有所不同。部分高校的体育教师需要经过岗前培训、获取教师资格证、助教认定等程序，才能在一年之后获取讲师评定资格，所以周期较长。同时，评定职称竞争比较激烈，对体育教师的学术能力提出了较高的要求，所以高校体育教师的职称评审难度较大。

（三）师德修养难在意识培养

师德即教师的职业道德，是指教师在从事职业活动中必须遵守的行为准则和应具有的道德观念、情操和品质。党中央高度重视教育工作，将师德师风建设提到了新的高度。师德师风是评价教师的最高标准，将立德树人作为根本任务，强调教师在教学工作中的品德和社会责任感。

大学生的意识形态和祖国的伟大复兴密不可分，高校体育教师的精神面貌、敬业精神以及知识修养是新时代教师的最佳体现。但由于受到应试教育的影响，体育课在学生的成长阶段，一直未受到应有的重视，因此导致部分体育教育从业者对自身的认识不够，底气不足，在培育和引导学生方面没有发挥真正的价值。因此，在语言表述和行为规范方面，体育教师要时刻把握严谨性，提高自身的品德修养，不可太过松弛，要将授课内容和思想品德统一起来，通过身体力行、言传身教来影响和鼓励学生。

二、公共体育教师发展的有效路径

（一）高度重视职前教育

1. 合理规划课程体系

体育教师是在经历过专业的课程学习后才到校进行体育教学的，因此应该重视体育专业课程的教学，为日后体育教师的发展奠定良好的基础。从目前高校体育专业课程设置情况来看，体育专业学生的课程设置不太合理，如必修课多，选修课少，课程灵活度不够。为了更好地提升体育专业学生的专业素质，学校应该重视专业理论知识和人文知识的教学，而不能仅仅停留在体育技能的传授上，要让未来的体育教师明白应该教学生什么，如何教才是最重要的。

2. 丰富教学实践活动

体育专业的学生要想将所学知识运用到实践中去，就要多参加实践活动，从中不断发现问题，并积极解决问题，为走上工作岗位积累经验。学校要注重丰富教学实践活动，让未来的体育教师通过实践锻炼教育教学能力、组织能力、裁判能力以及科研能力，从各个方面武装自己。

3. 提高教育实习质量

教育实习是培养教师必不可少的环节，教育实习是对体育专业学生过去学习情况的一次测试，也是职业生涯的开始。学校要通过教育实习，让学生充分接触具体的体育教学流程，让他们逐步学会运用所学的理论知识解决实际问题。

（二）推动混合式教学发展，提高师生信息素养

在科技日新月异的今天，现代科学技术手段已经改变了我们的教学生活。打造"金课"、淘汰"水课"的要求提出后，教师应提高自身意愿，主动参加在线教学系列培训，增加自信，熟悉软件操作，提高应急能力，转变角色定位，不再是单一的讲授者，而是学生学习的领路人，将积极态度、优秀品格、学习方法传授给学生，运用混合式教学方法，培养学生自主学习能力和良好的信息素养。

伴随着社会、学生、学科发展的需要，在线教学成为一场势在必行的变革。由于体育教学的实践性质，单纯地将线下教学过程照搬于线上，则失去了在线教学的意义。学校应该规范在线教学行为，提供技术、学科指导，制定线上教学大纲，为体育的线上教学提供理论支持，为体育教师指明方向，为后续的体育教育工作奠定基础。[1]

在国家层面上，教育信息化基础设施建设投入增加，为在线教学的开展提供了硬件支持，同时应着力解决网络稳定、平台开发等技术问题，鼓励更多的教师加入在线课程的制作队伍中。在学校和教师层面上，采用多种措施提高在线教学积极性，通过校级、跨校的教研活动、培训活动等推动自身专业能力的发展，促进在线教学水平的提升。

---

[1] 苏洋洋. 体育教师在线教学行为的实证分析 [J]. 体育科技, 2022, 43 (2): 114-117.

(三) 调动教师内在动力，发挥校内积极引导作用

新时代的教育核心，要以学生为中心，体育类教学也要转变教学方式，从"灌输式"教学转换成"引导式"教学，更加尊重学生。随着时代的发展，线上教学愈发普遍，高校体育教师需转变传统教学方式，学会运用多样化的网络教学平台。当身体"缺场"成为常态，如何通过线上教学激发学生的学习兴趣，引导学生主动参与，这需要高校体育教师主动拓展多维能力，加强自身的综合能力来解决。高校体育教师如果没有坚持自我提高，主动突破舒适圈，也将在漫长的教学生涯里渐渐失去对工作的热情和继续学习的动力。热情和动力的丧失将很难让教师发挥个体潜力。因此，高校体育教师要摒弃传统的被动发展观念，与时俱进主动提升自身能力。

1. 培养职业精神

职业精神与人们的职业活动紧密联系。职业精神对高校的体育教师来说是必不可少的，是推动体育教师职业发展的动力。这主要体现在体育教师是否热爱自己的工作，是否愿意主动提升专业能力，并且不断探究体育的价值和规律，保持对职业的好奇心并以饱满的热情去拥抱它。

2. 培养自主学习意识

高校体育教师的专业能力发展是一项系统工程，因此强烈的自主学习意识是很重要的。不断吸收更多新的专业知识、教学理念和教学方法，有助于提升其专业能力。体育教师要注重自主学习，多进行教学反思，及时更新教学理念，顺应时代发展要求，为职业生涯的可持续发展打好基础。

3. 提高自身专业素养

高校的体育教师应该不断提高自身专业素养，致力于成为体育行业的专家。体育学科的实践性和系统性很强，教师除了要注重身体素质能力的训练，还应该对其他方面的知识有所涉猎，包含心理学知识、教育学知识以及其他人文知识。要在教学过程中彰显人文魅力，提升教学效率，体现教学思想的先进性和创造性。同时，要注重进行自我评价，基于自身的优势，结合职业生涯规划，确立好工作目标，严格要求自己，以便更好地实现专业素养的提升。[1]

(四) 注重完善外部环境

高校应当注重完善外部环境，积极为体育教师创设轻松自由的工作氛围，使其可以全身心投入工作。

---

[1] 刘雷. 高校院校体育教师发展的困境与出路探赜 [J]. 成才之路, 2021 (7): 10-11.

1. 完善教师准入及能力测评机制

作为从事高校体育教学工作的教师,应该具备相应的从业资历,确保能够达到岗位要求,特别是要注重其道德文化素养。但目前不少高校的教师准入及能力测评机制还亟待完善,因此高校在聘请体育教师时,应该注重高标准、严要求,筛选优质人才,以此带动整个教学团队水平的提升。

2. 健全专业体育教师培养体系

高校要建立健全专业体育教师培养体系,促进体育教师的专业化发展。当前,部分高校由于资金匮乏、教学工作任务繁重,难以让体育教师外出学习和培训。针对这样的情况,高校可以开展校本培训,这种培训方式不仅成本低,而且效果明显。同时,要注重网络培训活动的开展,要以体育教师的工作需求为出发点,将教学与教研结合起来,打破时空限制,为体育教师答疑解惑,激发其创新意识,提高其教学创新能力。

3. 建立体育教师综合评价体系

高校应该加快建立体育教师综合评价体系,重视体育教师的专业化发展,并将发展性评价作为评定教师专业水平的重要原则,促进评价的规范化、合理化。比如,要将体育教师的个人学历、所获奖项、科研成果以及教师的自我评价与反思,进行统一整理存档,并将其作为评价教师的重要参考,这也能让体育教师更加全面地认识自我,了解自身的优势和不足,以便及时调整工作方式。

第二节 完善公共体育课程教学评价体系

一、公共体育课程教学评价体系构建的原则与方法

(一)公共体育课程教学评价体系构建的原则

教学评价体系构建的原则从方向上确定了教学评价的价值导向和行为方式,确立符合我国高校公共体育课程教学评价原则具有先导性意义。

1. 客观性原则

为保证我国高校公共体育课程教学评价结果客观公正,能够真正地促进我国高等体育教育的进步,必须在教学评价过程中坚守客观性原则。以客观事实判断为基础进行合理价值判断,保障教学评价结果最大程度上反映教学实际情

况，为达成教学评价目标奠定基础。

2. 目的性原则

这一原则主要指的是教学评价要有明确的目的、需求要清晰，评价的时候要以课程目的和需求为核心，将教学评价的行动和任务明确下来。评价的宗旨是：促进师生的发展，把体育教育教学的效果和质量提升上去。在体育教学评价活动中，要以这一宗旨为中心进行。与此同时，要把教学评价活动的具体目的和操作指向把握好，也就是要确定评价活动的主要目的。依据不同的评价目的和需求，选取不同类型的评价标准和方式。

3. 可行性原则

高校公共体育课程教学评价工作实施起来有相当大的难度，为保障教学评价活动的圆满完成，必须从实际出发，保障教学评价的进行，遵循可行性原则。教学评价能够按照计划如期进行才是一切后续工作的基础，面对如此复杂的教学评价环境，保障教学评价计划顺利实施本身就是一项巨大挑战。

4. 全面性原则

教学评价结果涉及高校公共体育课程教学的各个方面，多角度地反映教学目标的达成情况。教学评价应遵循全面性原则，充分考虑教学评价工作各个阶段、各项内容、各类主体的实际情况，保障教学评价结果的权威性和时效性是实现教学评价目标的前提条件。

5. 基础性原则

我国公共体育课程教学评价工作实施落到实处是教学评价工作开展过程中的重点和难点。教学评价工作涉及公共体育课程教学方方面面的基础性事务，将教学评价细化到教学工作的日常细节是教学评价的要求，也是教学评价的应有之义。从细节抓起，充分了解日常教学的情况，才能保障教学评价结果的真实性和及时性。

(二) 公共体育课程教学评价方法

根据我国高校公共体育教育发展现状，从技术手段上保障教学评价工作的有效完成，提高教学评价效率，处理好有效教学、教学学术水平和教师教学专业可持续发展之间的逻辑关系。

1. 数量化评价方法和非数量化评价方法

数量化评价方法主要指通过评分和划分层次的方式对被评价对象的表现做出评判，如学生的体育成绩、教师的绩效考察等。非数量化的评价方法是指对被评价对象一些不能量化的行为做出判断，如学生的学习态度、教师的教学态度等。通过数量化评价方法和非数量化评价方法的运用，从主观和客观方面考察教学情况，使教学评价结果更加地全面权威。

2. 绝对性评价方法和相对性评价方法

绝对性评价方法是指以某一硬性标准为参照得出静态评价结果，绝对性评价方法的传统教学评价中应用广泛。相对性评价方法能够实时了解被评价对象在教学中的表现，使各被评价主体能及时地了解自身的情况并能够借此做出相应的调整。静态与动态评价相结合的方式能有效提高教学评价工作效率，实现教学评价方法的现代化发展。

3. 总结性评价方法和诊断性评价方法

总结性评价方法是在一个较长教学周期结束后统一进行教学评价，得出一个长期的教学评价，如教师和学生的终期考核。诊断性评价方法是指针对教学过程中遇到状况，及时评价，及时调整。两种教学评价方法都在教学评价中发挥其独特作用。

二、高校公共体育课程评价体系内容的选择

结合体育课程的目标、实际教学中反馈的信息、实践中的可操作性以及素质教育的基本要求，从以下 5 个方面对评价内容进行具体介绍。

(一) 体质健康状况

学生体质健康状况涉及多方面内容，主要包括身体机能、身体形态以及身体素质。身体机能主要指心肺机能指数；身体形态包括体重、身高等；身体素质涉及立定跳远、1000 m 或 800 m 跑、引体向上等。在评定学生体质健康状况时，需要立足于实际，在严格遵循《全国大学生体质健康测试标准》的前提下，对学生展开科学合理的评价。[①] 教师在此过程中需要注意，除了关注学生最终表现之外，还需要重视学生的进步情况。具体而言，就是学生当前的体质健康状态与原先的体质健康状态对比。基于此，高校开展新生入校体质检测十分必要，第一次测得的结果可以作为原始体质数据，之后每年开展一次体能测试，对学生的体质健康情况进行科学评定。

(二) 体育基础知识

根据教学情况来看，体育基础知识不仅包括基础理论知识，而且还包括卫生保健知识等。在体育基础知识教学中，教师需要向学生讲述各种运动技术的

---

① 白锐，郭婧. 高校院校学生体育课评价体系建设研究 [J]. 当代体育科技，2022，12（17）：165-167.

原理、不同体育项目的竞赛规则等。体育卫生保健常识通常包含运动损伤的预防、基本的健康知识、运动疾病、体育运动的保健指导等。在对其考核时,教师可以采取学生参评、教师主评的方式,通过随机提问、学生自主应答等方式对学生进行检测。对于部分院校基础设施完备的情况,可以结合学情构建完善的试题库,通过网上答题的方式对学生进行检测。

(三) 学生心理健康状况

体育课程的主要目标在于提高学生的心理健康和社会适应能力,评价内容包括心理健康和社会适应能力这两个方面。

体育教学内容大都来源于体育运动项目,而大多数体育运动项目则具有较强的趣味性、娱乐性特点,所以体育教学内容也不可避免地带有一定的趣味性与娱乐性。体育教学内容所具有的娱乐性源于运动学习和运动竞赛过程中存在的诸如竞争、合作、表现欲等一系列的心理过程,在这些心理过程中就能够体会到很大程度上的乐趣,学生对运动的新的体验和学习的成就感也会添加乐趣。除此之外,运动的环境、场地、比赛规则、比赛形式等的变化和加工方面也能够体现体育教学内容的娱乐性。另外,学生在追求运动乐趣的过程中,通过别人的帮助在情感上也会获得深刻而丰富的体验,从而起到愉悦身心的作用。[1]

体育教学内容涉及范围较广,但大多数内容的主要形式都是集体性活动,这种集体性教学活动与其他教学不同,往往是进行时空的变换。因此,在体育教学中,对运动的学习、练习和比赛当中学生之间有着非常频繁的交往和交流,与其他学科的教学内容相比,体育教学内容在人际交往方面无疑具有更明显的开放性。体育教学内容正是由于人际交流的开放性特点,教师与学生之间,学生与学生之间的关系才能够更加密切而开放。在这样的情况下,通过体育教学内容的学习能够帮助学生有效地提高社会适应能力。

(四) 学生态度的评价

在评价学生态度的过程中,应将终身体育与学校体育密切结合起来,通过采取各种举措,使学生清楚认识体育锻炼对保持身体健康的重要性,以便其在今后参与体育课学习过程中能有积极、正确的学习态度。为此,在评定成绩的过程中,需要将学习态度纳入评定范围之中。依据和内容为:

---

[1] 肖艳丽,臧科运,薛敏. 我国体育课程价值取向研究 [M]. 西安:陕西科学技术出版社,2020:130.

1. 在体育学习和锻炼上能否自觉参与，其包括课外与课内，课堂上能否不缺勤、不早退，能否严格遵守上下课时间，准时出勤。
2. 是否积极思考，自发反复练习。
3. 课外是否积极练习、复习，对所学习的技能要点予以巩固。
4. 学院的课外社团是否积极参与。
5. 每周是否养成参与体育项目或进行运动锻炼的良好习惯。

在评定过程中，可采用学生互评的方式，教师需要做的是对学生的学习情况进行巡视和监督，务必使其保持积极、正确的学习态度。

三、完善公共体育课程教学评价体系的具体措施

（一）教学评价标准、指标、方法的完善

1. 设立客观、合理、公正的公共体育课程教学评价标准

为了保证教学评价结果的公正性，我们必须全面地收集资料并设定客观合理的评价标准，在了解客观现实情况之后进行价值判断。教学评价标准越具体明确，教学评价就越公正且更具可行性，能更大程度上促进教学评价目标的实现。公共体育课程教学评价在保有可量化的体育知识技能测评成绩作为评价标准的同时应该考虑增加体育精神、意志品格、合作精神以及学习态度不可量化的因素在评价标准中的体现。

2. 设置多元化、体系化的公共体育课程教学评价指标

我国高校公共体育课程教学评价体系处于逐步成熟完善的关键时期，高校公共体育课程教学评价指标更加地丰富多元，高校教育的开放性需要教学评价指标的多元化促进教学目标实现。科学的教学评价体系是由合理的评价指标根据一定的内在逻辑组合在一起，对教学效果进行评价，所以高校公共体育课程教学评价指标多元化、体系化是高校公共体育事业发展的科学化的内在要求。

3. 采用多样化、科学化的公共体育课程教学评价方法

在通常情况下，公共体育课程教学评价活动，我们更多地采用操作性强的数量化评价方法，根据学生的测评成绩评价学生的学习情况、教师的工作绩效评价教师的教学情况。然而，单一的定量分析方法不能真实反映整个教学过程中的全部情况，定性评价方法就能够帮助我们了解不能直接反映在最终测评成绩上的内容，如学生的课堂积极性、运动习惯、人际交往能力、教师与学生的关系、师德师风等。

(二) 加强教育各方的参与力度

1. 提升教师在教学评价中的地位

在教学考评体系中,教师是不容忽视的重要因素,教师是教学过程的实际实施者,也是教学评价原始数据的提供者,对教学实施过程中的得与失,教师群体最具有发言权。在实施高校体育课程教学评价时,应广泛征求体育教师的意见,听取教师对教学活动的意见和建议。

2. 发掘学生在教学评价中的作用

作为教学过程的最终接受者,学生参与教学评价活动的意义非凡,从学生的视角出发,对教学过程的评价更能体现教育的生本思想。学生参与教学评价的途径可多元化,可采用学生对个人的自评、学生与学生之间的互评、学生和教师之间的互评等方式进行探索。以学生自评为例,在教学评价过程中,由学生对本人在教学活动中的学习心得进行反思、总结,对课程教学的评价更加直观。

3. 体现家长在教学评价中的作用

家长和学校,同时作为教育和培养学生的主体,但家长与高校不同之处在于,高校在教育过程中重视学生知识、技能的指导,而家长对学生的要求,出于其家长身份的定位,体现在"吃饱、穿暖、身体好"等方面,基于此,并综合考虑高校体育教育的特点,可考虑适当体现家长在教学评价中的作用。家长意见的反馈,对教学评价体系的健全有益无害。

总体来说,无论教学评价体系完善到何种程度,在教学评价结果成形后,应接受教师、学生、家长甚至社会的监督,针对教学考评中需要改进的部分,及时进行调整和优化,由此真正体现教学评价体系的价值,以及其对课程教学的指导意义。

(三) 注重量化标准的整体性与过程性,终结性与成长度

在高校教育全面发展要求下,探索高校体育教学的评价内容体系,需要在评价因子执行力和执行成效上进行主动探索,提升评价方式和评价方法的科学性以及评价内容的延续性成为保证体育教学高效开展的重要保障。因此,量化标准的探索和制定是公共体育教学评价内容研究的关键和核心。根据学生身心成长规律和体育运动技能与体育文化成长特征,高校体育课程评价标准内容的量化指标的制定必须注重整体性和过程性,兼顾终结性指标和学生运动技能与

体育文化、体育人文成长度的考量。①

首先，以教学大纲和教学目标为经线，制定教学内容下的关于学生身体素质、心理健康、体育人文和价值观建设多维度的价值判断标准，为教学决策和学生的课程完成度与成长度提供纲领性指标，使之成为教学实施和学生体育能力成长的依据。

其次，注重学生的纵向成长和整体间横向成长，制定定量评价与定性评价相融合的评价机制，及时对学生的学习过程和学习成效进行肯定或予以指正，及时帮助学生改进学习的局限性或纠正错误认知，提升体育过程性教学的教育成效，通过定量评价改善过去终结性评价所导致的忽视过程性评价的教育偏颇。

最后，提升学生在教学评价中的参与感和体验感，提升教学评价的主观能动性。在当今时期探索高校教学评价机制内容构建，必须以学生的体育运动兴趣的激发和学生在思想价值认知、体育人文积淀和体育文化认知与习得上的教育结果为目标，以教育结果为导向进行激励性评价，加以积极引导，帮助学生在系统学习体育运动技能的同时，完成在思想价值认知、价值观构建和良好个人品格等多个方面的思想建设和行为建设目的，达到素养教育和素质教育并驾齐驱的教育目的。

第三节　创新公共体育课程教学管理体系

一、当前高校公共体育课程教学管理的特征

（一）互联网技术的广泛应用

互联网技术的应用是信息时代的技术基础，网络是实现公共体育教学信息化的重要条件。高校公共体育课教学应更加注重互联网与物联网，在实现公共体育教学人与人、人与器材、器材与器材之间高效互联、互通的基础上，让公共体育教学管理成为一种随时、随地可实现的工作。

---

① 杜旭峰，杨英.高校线上公共体育教学成效及教学评价体系构建综述研究［J］.当代体育科技，2023，13（21）：48-51.

（二）智能终端的全面使用

在高校公共体育课教学管理的过程中，智能终端设备能够实现对公共体育教学实时、实地的信息获取、计算与分析，成为高校公共体育教学改革和创新的重要依据。同时，智能运动检测仪等设备的广泛使用，让公共体育教学的各种监测信息可以即时获取，大学生与体育器材、与教师、与环境的即时互动成为现实。智能终端的使用，成为提升公共体育教学改革质量的重要条件。

二、高校公共体育课程教学管理新要求

（一）延展体育活动时间

新时代背景下，体育作为调节学生身心健康的有效措施，应成为高校的主要教学内容之一。以往，体育课时较少，且对学生的管理较为宽松，不少学生存在体育课旷课、请假的情况，不去上体育课，经常得不到专业的体育锻炼，而且高校并未给学生安排课余体育活动时间，高校"宿舍宅文化"日渐趋显，学生没有形成健康的生活习惯。因此，在当前的体育教学中就是要让学生走出教室，到"阳光"下、到室外来，积极参与体育活动，这需要学校形成完善的体育教学管理制度，为学生延展体育活动时间，比如规定每天上午某一时间段为"阳光体育"运动时间。[1]

（二）进一步丰富体育教学内容

高校还有必要进一步丰富体育教学内容，不能将体育教学局限于基本的体能项目以及几项体育运动中。就当前来看，高校体育课的教学内容主要是围绕学生体能训练展开，以帮助学生在期末考试中体能达标，教学内容枯燥乏味，学生感受不到体育的乐趣。而且体育运动教学以常见的乒乓球、排球、篮球、足球教学为主，缺乏其他类型的体育项目教学课程。实际上，体育项目种类多样，适用于高校展开教学的项目也很多，比如健美操、游泳、羽毛球、网球、滑冰等，都可以让学生眼前一亮，积极主动融入体育学习过程，以促使学生掌握更多的体育技能，形成终身体育意识。

（三）不断创新体育教学手段

高校体育教学管理过程中，常常忽视教学手段的创新，这与体育教师的教

---

[1] 吴频波."阳光体育"背景下高职体育教学管理路径研究[J]. 经济师，2023（6）：191-192.

育专业能力欠佳有一定的关系。在新时代，高校体育教学应不断创新教学手段，为学生打造生动、有趣、互动性强的课堂，给学生带来耳目一新的感受，从而提高学生参与体育活动的积极性。比如利用小组合作、小组竞赛、微课等教学手段，融合应用翻转课堂、分层教学模式，创新教学形式，帮助不同兴趣爱好、不同能力层次的学生都能够在体育教学中获得成长，形成阳光的心态。

三、公共体育课程教学管理体系的创新式发展

（一）加强公共体育课程教学信息管理

体育日常教学信息管理、教学文档信息管理、教学工作量信息管理、群体工作信息管理、运动队训练竞赛信息管理构成了体育教学运行管理信息系统，是整个体育教学管理活动的核心。

1. 体育日常教学信息的管理

体育日常教学管理信息主要包括学生选课、教师安排、教材订购、教学进度计划和教学大纲的编制、期初教学检查、期中教学检查、期末教学检查、学生评教、同行评议、课程考核、缓考补考、重修补修等。体育日常教学管理信息管理系统建成后，体育教学管理人员能够快速有效地对以上各类信息进行查询和数据管理，合理安排各项工作，提高工作效率。

2. 体育教学工作量信息的管理

体育教学工作量信息指教师的教学工作人员选聘、教学工作量的核算、教学编制的确定等，如：选聘人员姓名和工作内容与要求、系部教学工作总量、教师个人教学工作量、教学编制设定和要求等。体育教学工作量信息管理系统建成后，既可以方便体育教学管理人员对以上信息进行科学有效的管理，也可以方便其他相关人员对相关信息的查询。

3. 教学文档信息的管理

教学文档信息主要有系部各个专业的教学规划、教学管理制度、教改与教研、教学评估信息等。教学文档信息管理系统建成后，体育教学管理人员可以对以上各类信息进行有效查询和管理，提高系部教学文档管理规范化水平。

4. 群体工作信息的管理

群体工作信息主要是指校运动会和各类竞赛的有关信息，如活动开展的时间、项目，比赛项目的设置，比赛时间的安排，比赛成绩的登记。群体工作信息管理系统建成后，能够方便体育教学管理人员及其他相关人员对以上信息进行查询和数据管理，有效保障学校各类群体活动的有序开展。

5. 运动队训练竞赛信息的管理

运动队训练竞赛信息主要包括运动队训练和竞赛方面的有关信息，如运动队名称、人员情况、训练时间、参加比赛的时间、比赛成绩等。运动队训练竞赛信息管理系统建成后，体育教学管理人员及其他相关人员可以对以上信息进行查询管理，为学校运动队的科学训练提供保障。

（二）构建校内计算机管理系统

目前高校体育教学管理中主要存在的问题包括教学管理制度不健全，教学模式陈旧，师生对体育课缺乏积极性。主管领导机构对体育不够重视，具体执行机构不主动进行体育教学的优化，影响了体育教学质量的提高。大学生体育课安排很多内容与中学重复，适宜学生身心健康特点的教学内容较少。

高校体育教学管理中应用计算机管理有利于提高教学质量，提升教学管理效率。利用计算机进行体育教学管理，建立完善的体育教学管理系统，系统运行中形成体育教学的教学行政管理网络，促进体育教学工作顺利开展，大大提高体育教学质量。根据科学管理体制，将体育教学管理分为专门管理与综合管理，分析各部门管理中的特性，将客观对象要素组成部分有机联系，形成三维体育教学专业管理的总体性认识。以体育教学管理为轴心，产生包括教学计划、教学监督、教学检查的一般管理，以及包括体育教学组、院系部的综合管理，利用计算机进行体育教学管理，使管理更加明确。①

加强体育教学计算机管理，首先要健全高校体育管理制度，贯彻体育管理条例等文件精神，制定体育教师工作职责、群体工作条例等制度，通过健全制度对教师实现计算机管理。其次要利用计算机制定体育实践课评课标准。体育教学检查是提高教学质量的前提，教学期间进行教学检查，设置出系列符合体育实践教学规律的体育实践评课标准，包括课前准备、运动强度等评估指标，通过实施评估提高教学质量。

高校体育计算机应用管理系统中应注意培养多层次人才，增强软件二次开发功能。高校体育计算机应用的领导由体育部主要领导及高级教师组成，负责制定计算机应用方案，经费使用及人才培养，解决应用中出现的问题。高级程序员负责体育系统设计优化，中级程序员负责系统实现与应用，从长远角度考虑，保证智能群体结构合理，必须注意培养负责体育系统开发维护的高中级人员。由于体育计算机应用边缘性，应注意培养人才相应的软硬件知识，使其逐

---

① 吴闽雷. 职业院校体育教学中计算机管理系统应用 [J]. 当代体育科技，2020，10（26）：111－112.

步发展成为不同层次的双学科边缘人才。

由于计算机在高校体育领域应用项目增多，开发各系统的联系日益密切，对计算机应用提出更高要求，计算机管理系统应从系统内外部收集数据，实现体育信息数据共享。

(三) 建设校内教学质量监控系统

1. 设置公共体育教学质量监控的责任人

为了更好地提升公共体育教学质量监控的效益，高校需要成立公共体育教学质量监控管理中心，并负责日常的体育教学、质量监控等工作。此部门的管理要围绕公共体育课教学质量监控的需要，从日常教学的组织、教学的评价、教师的评价等出发，全面构建智慧型的公共体育教学质量监控体系。

2. 实施教学质量的全过程与重点过程的监控

智慧校园建设与高校公共体育课教学质量监控的结合，既是智慧校园建设的需要，也是提升人才培养质量的需要。因此，为了更好地提升教学质量监控的效益，需要通过树立科学的质量监控理念、创新质量监控方法、应用质量监控设施等来促进教学质量的提升。全过程监控需要落实在每一节的体育课教学中，应重点关注学生身心发展、教师的课堂教学效益的监控等。

3. 实施教学质量的整体监控与个体监控的策略

高校公共体育课教学整体监控指的是由体育部门教学管理中心组织的教学监控行为，或者由部门领导、学校督导组成的教学质量监控体系。高校公共体育课教学的个体监控，则是对教师教学过程中教与学的情况实施的有效监控，通过及时反馈公共体育课质量监控的情况，改进公共体育课教学的水平，促进人才培养质量的提升。

第四节　建设公共体育课程教学中的安全保障机制

一、建设体育课程安全保障体系的必要性和紧迫性

(一) 必要性

高校公共体育教学的特殊性决定了构建高校公共体育教学安全保障体系的必要性，而高校公共体育教学的特殊性主要表现在教学环境的特殊性和身体教

育的特殊性两个方面。

任何教学活动都必须在一定的教学环境中才能顺利进行,体育教学也不例外。高校公共体育的教学环境与其他学科的教学环境有着本质的区别。高校公共体育教学一般在室外操场或空旷的场地进行,其教学环境相对来说比较开放,容易受到外界环境的干扰和影响。

首先,是来自于不同体育项目之间的相互干扰。由于大多数体育项目教学主要在操场上进行,同一操场上经常会出现足球、武术、健美操、散打、空手道等不同项目的几个班级在同时上课。由于不同项目技术动作和练习内容的差异性会使学生注意力分散,他们往往会对其他项目表现出强烈的好奇心,在课堂上东张西望,导致开小差现象较严重。

其次,由于室外环境较空旷,再加之班级学生人数超额现象严重,常常导致站在队伍后排的学生听不清楚教师的课堂讲解。

再次,还有部分学生潜意识里对体育课不重视,不愿意听教师讲解。也正是因为学生思想上的不重视和外界环境干扰的叠加效应,才无形中加大了伤害事故的发生概率。

最后,体育场地、器材也存在较大的安全隐患。例如有时由于天气原因导致场地积水及场地湿滑,这种情况下很容易发生体育教学伤害事故。因篮球架年久失修引起的伤人事件也屡见不鲜。

高校公共体育教学身体教育的特殊性主要表现在体育教学是体力劳动和脑力劳动相结合,身体和大脑并用的教学形式,在课堂上学生不仅要认真听教师讲解,仔细观察教师的示范,还要身体力行地模仿教师的示范动作并进行技术动作的反复练习。以羽毛球教学为例,羽毛球教学大多在室内进行,由于室内场地有限,加之绝大部分学生是初学者,控球能力较差,在练习过程中无法准确地控制球的落点,导致学生在练习过程中经常会发生身体碰撞。

综上所述,高校公共体育教学中发生体育伤害事故在所难免,为了保障学生、教师及学校的合法权益,有必要构建高校公共体育教学安全保障体系。

(二) 紧迫性

"健康第一"与"安全第一"的博弈格局决定了高校公共体育教学安全保障体系构建的紧迫性。众所周知,"健康第一"的教育理念在学校体育发展中起着统领全局的作用。体育运动本身的对抗性、健身性、挑战性与体育运动的安全问题是一对矛盾的统一体,既相互联系又互相影响,两者之间的关系,犹如天平的两端。在教学中如何做到既能增进学生的身体健康,同时还能保障学生的安全,是摆在体育教学工作者面前的重要课题和难题。当然,大家都希望既能保障"健康",又能保证"安全第一",但是学校为了保证"安全第一",将体育运动的激烈与危险画等号,把体育与安全变成对立的两端。由此可知,在体育"安全第一"的高压警戒线下,体育教师作为体育教学的具体执行者和实施者,背负着巨大的思想包袱和心理负担。目前已有不少高校迫于安全问题的顾虑,取消了健身价值较高的体操及田径的部分项目,让原本丰富多彩的体育课堂失去了应有的活力和色彩。体育教学的魅力是通过多样的身体练习方式不断增强学生体质,而不是通过减少运动强度、运动量来保证学生的生命安全。这种因噎废食的做法,从短期看,确实减小了意外伤害事故的发生概率,从长远来看,是以牺牲学生的身体健康为代价的,这与国家提倡的学生全面发展背道而驰。综上,不管从学生的安全角度出发,还是从学生的健康角度考虑,都迫切需要构建高校公共体育教学安全保障体系。

二、高校公共体育课程常见伤害事故原因

(一) 体育运动本身存在一定的危险性

体育运动具有对抗性、激烈性和开放性等特点。如果学生对运动项目本身存在的危险缺乏预见,很可能发生意外伤害事故。有些体育运动项目竞争性、对抗性都很强,很容易发生意外伤害事故。

(二) 场地、器材存在安全隐患

一方面,学校在建设体育场地设施时,由于各种原因,没按照国家规定的要求进行建设,施工时考虑不周到,就会造成安全隐患。另一方面,体育设施、设备陈旧也容易造成伤害事故。尤其是学校的室外体育器材,如单杠、双杠、爬竿、爬绳等,受日晒雨淋,天长日久就会生锈、腐烂,学校没有及时保养和修理更换,学生在活动时器材可能会发生断裂,致使学生摔伤。[①]

(三) 高校在安全管理方面的问题

高校中,新生在入校以后,一般只是进行一些象征性的身体体检,比如量身高、测体重、测胸围等,这导致每个学生并没有健全且详细的身体检查档案,教师在体育教学过程中也不能够及时地了解学生的身体状况,所以在安排运动量时,就不能区别地对待某些有着特殊体质的学生,这就容易造成安全事故的发生,最终可能产生一些严重的后果。另外,高校也没有专门安排人员来

---

① 张妍. 浅议体育课教学中伤害事故预防机制建设 [J]. 考试周刊, 2019 (74): 119-120.

管理体育教学方面的安全事宜，通常是把这个工作安排在体育教师的工作任务之中，这就导致高校体育教师出现人人都在管理，却又管理不好的情况。同时，还会出现一些从发现问题到解决问题过程中烦琐的工作流程，造成一些本来能够及时发现的问题也不能够得到及时解决的局面，并最终出现安全事故，然后相互进行推诿的状况。另外，一些高校的领导以及体育教师的安全责任意识相对淡薄，对于高校的体育安全工作不够重视，并且大多数的学生对于体育安全事故的处理方法也不太了解，部分高校还缺乏体育安全方面的知识教育。

（四）学生自身原因

体育伤害事故的发生也有一部分是学生自己造成的，如学生违反学校的体育规章制度或者纪律仍然坚持部分体育活动；学生体育行为具有危险性，学校、教师已经告诫、纠正，但学生不听劝阻、拒不改正的；学生知道自己有特异体质，或者患有特定疾病，但未告知学校或者教师的；学生安全意识和保护能力薄弱。

（五）教师方面原因

一方面，有些教师在进行学校体育教学活动时，忽视安全问题，教学内容、负荷安排不当，教学组织安排不当等等。另一方面，体育课上，对一些技术动作讲解、示范不够或安全保护措施不力。再有，任意超出大纲要求，难度加大，要求过高，导致伤害事故的发生。还有，学生中有少数人患有先天性心脏病、肺病、低血糖等疾病，教师虽然知道但没有区别对待。对伤害事故认识不足，课前准备不充分，场地安排不符合要求。体育教师对伤害事故在思想上认识不足，在课前、课后没有采取积极有效的措施防止伤害事故的发生。

三、学校体育活动安全保障机制的构建

（一）制定学校体育活动安全保障条例

根据教育部及省市教育局相关学校体育活动文件，制定属于学校特色本身内部的体育活动安全保障条例，明文规定学校体育活动中应注意的事项和禁止涉及的若干事项，给教师学生的行为和责任制定一条红线，将安全保障控制到最佳。制定体育活动，包括课堂教学、课余训练、课外比赛的相关具体的相对完善的条例，做好学校工作人员之间工作的衔接和分工的明确性，并且严格按照条例进行学习和落实。

（二）准备学校体育活动安全事故的应急预案

一旦出现意外事故，准备好应急预案，首先处理伤情或者抢救伤员。伤情较轻，如擦伤或撞伤，体育教师应及时通知校医务室人员进行消毒和检查处理。如果情节较为严重，如出现脱臼、骨折、出血等意外伤害时，首先应止血，送往邻近医院进行救治，迅速通知班主任和家长，说明情况，当日或次日提交意外事故报告。具体预案根据实际情况做好人员配置的安排和固定，妥善处理好意外事件的后续工作。

（三）组织安全教育，知识竞赛

学校、年级、班级、班小组，做好定期安全教育课程学习和工作，提高学校体育教师群体和学生群体的安全意识，教会学生保护自己，爱护自己，避免和减少安全隐患，在涉及安全问题时，真正认真地做好和落实各项体育活动的工作。从体育活动前的热身活动到体育活动结束时的放松环节，包括场地、自身精神状态及天气气温等方面，认真地做好每一个细节的排查，养成良好的安全意识。开展安全教育宣传工作，进行安全知识竞赛活动，让更多的学生自己学习和掌握安全意识的理论知识，进一步巩固和加强学生的安全意识和程度。

（四）场地器材的检查与维护

安排专业的人员进行定期的检查和维护场地器材，学校体育活动场所，包括运动场跑道、单杠、双杠、篮球架、足球架、乒乓球台等，都应定期检查，按照国家统一的器材标准进行配置，出现损坏或者松动时及时进行维修和更换，必须把安全隐患降到最低。学生使用的杠铃和哑铃等重器械，一旦出现不规整时，专业人员应及时进行维护和更新，做好符合国家要求的校园器械标准，或者在专业人员未能及时处理时，体育教师如发现安全隐患，应及时更换教学内容或练习项目，避免安全隐患的发生。

（五）提高体育教师的责任心和安全意识

教学质量是学校教育的生命线。由于受到当前评价机制的影响，体育教师为了晋升职称，他们更多关注的是科研成果和论文，以及如何带好运动队并创造好成绩，而对于教学则关注度不高。于是在教学实践中，部分体育教师由于责任心不强，加之对所授教学内容准备不够充分，未能对教学中可能出现的危险做出预判，导致体育伤害事故的发生。甚至有部分体育教师面对学生的体育伤害不知所措，以至于延误了医疗救治的黄金时间，造成无法挽回的局面。如果体育教师能够全面了解学生的身体情况,做好充分的准备工作并及时告知学生在体育运动中可能出现的危险,则很多伤害事故是可以避免的。因此,要不断提高体育教师的责任心、安全意识、教学基本功和专业技能,要求体育教师严格按照体育教学常规,做好充分的准备活动和整理活动,在练习过程中有意识地预防运动损伤,才能有效避免安全事故的发生。

(六)统一购买意外伤害保险,对学生病史进行登记与了解

由学校统一组织安排学生购买意外伤害保险是必要的,学生入学时,统一进行体检,体育教师必须收集所教的各个班级的学生体检档案卡,做好课前学情分析工作,课前考勤时询问班级学生身体健康状况,安排课堂中特殊情况的学生进行休息和见习,务必落实和重视,很多时候往往因为教师的疏忽和大意,给课堂教学带来安全隐患和意外。[1]

(七)严格考勤,把控学生活动范围

课前进行严格考勤,弄清楚所在班级的全体学生的现时动态,把控好缺勤和早退的具体现象,问清楚到底是何种原因,课堂进行中让学生的活动区域在教师的视觉范围之内,以免意外伤害发生。课余训练和比赛考勤同样重要,针对缺勤的同学务必清楚学生的去向和动机。

(八)配置专门的医务人员

遇到特殊情况,医务人员可以进行专业的处理,在出现突发事件时可以抓住最佳处理时机,将整个意外事故的损伤调控到最低,如出现崴伤可以提供冰敷,防止组织水肿,出现皮肤擦伤可以进行消毒处理等一系列的应急处理手段,不让伤病恶化和加重。

---

[1] 刘木圈. 高校公共体育教学改革与大学生安全保障问题研究 [J]. 当代体育科技, 2019, 9 (22): 100.

参考文献

[1] 安庆标. 高校体育俱乐部教学模式的创新研究［J］. 菏泽学院学报, 2019（5）.

[2] 白锐, 郭婧. 高校院校学生体育课评价体系建设研究［J］. 当代体育科技, 2022, 12（17）.

[3] 边文洪. 慕课环境下的大学体育教学策略［J］. 科教导刊（电子版）, 2020（19）.

[4] 陈鹏勇, 张亦, 苏宝华. 翻转课堂的优势、特点与教学过程探析［J］. 教育信息技术, 2019（6）.

[5] 陈兴雷, 高凤霞. 高校体育教育与管理理论探索［M］. 天津: 天津科学技术出版社, 2022.

[6] 陈有富. 网络信息资源的评价与检索［M］. 郑州: 河南人民出版社, 2018.

[7] 邓强松. 户外拓展训练在高校体育教学中的价值体现及实施研究［J］. 当代体育科技, 2020（6）.

[8] 翟鲁波, 杨正阳, 陈立军. 高校体育体验式教学课程体系构建研究［J］. 文体用品与科技, 2019（18）.

[9] 斗晶. 如何实施分层教学［J］. 黑河教育, 2021（3）.

[10] 杜旭峰, 杨英. 高校线上公共体育教学成效及教学评价体系构建综述研究［J］. 当代体育科技, 2023, 13（21）.

[11] 杜钟群, 金宏军. 课程实用资源开发研究的必要性与意义［J］. 小学科学（教师版）, 2019（3）.

[12] 房辉. MOOC（慕课）模式在高校体育教学中的运用探讨［J］. 当代体育科技, 2021（20）.

[13] 高家良, 郝子平. 体育教学理论与实践创新研究［M］. 西安: 西北工业大学出版社, 2020.

［14］高书怡. 中学体育课程教学探索［M］. 北京：现代出版社，2018.

［15］巩雪. 高校青年体育教师发展的三重困境及消解策略［J］. 当代体育科技，2022，12（33）.

［16］桂海荣. 微课在高职体育教学中的应用研究［J］. 当代体育科技，2020（27）.

［17］韩中. 高校体育教学体系建设研究［M］. 北京：北京工业大学出版社有限责任公司，2019.

［18］侯向锋. 体育教学与篮球体能训练研究［M］. 长春：吉林出版集团股份有限公司，2022.

［19］雷静. 互联网+在基础教育中的应用模式研究［M］. 北京：北京航空航天大学出版社，2022.

［20］李博. 生态学［M］. 北京：高等教育出版社，2000.

［21］李德昌. 现代高校体育健康理论与体育保健的科学研究［M］. 北京：北京工业大学出版社，2021.

［22］李建春. 基于素质教育视角的高校体育教学改革与发展探索［M］. 北京：中国书籍出版社，2022.

［23］李进文. 高校体育教学与体育文化融合发展研究［M］. 北京：中国原子能出版传媒有限公司，2021.

［24］李昆龙，李瑞. 基于生态文明建设的生态体育教学模式探究［J］. 青少年体育，2022（5）.

［25］林志坚. 微课在中学体育教学活动中的应用探索［J］. 当代体育科技，2020（26）.

［26］刘汉平，朱从庆. 我国高校公共体育课程教学的发展与改革探究［M］. 长春：吉林人民出版社，2021.

［27］刘雷. 高校院校体育教师发展的困境与出路探赜［J］. 成才之路，2021（7）.

［28］刘木圈. 高校公共体育教学改革与大学生安全保障问题研究［J］. 当代体育科技，2019，9（22）.

［29］刘全. 新时代高校公共体育课程教学改革与发展探究［J］. 现代职业教育，2020（32）.

［30］刘雨蓓. ESP教学方法改革与教师专业发展研究［M］. 青岛：中国海洋大学出版社，2019.

［31］罗伟浩. 学生主体价值取向的体育教学框架建构与实践路径［J］. 中国教师，2023（4）.

[32] 马顺江. 互联网+教育背景下高校体育教学创新思路研究［M］. 沈阳：辽宁大学出版社，2021.

[33] 南京医科大学体育部，田芳. 体育教学中运用合作式学习策略的基本注意事项［J］. 内江科技，2020（9）.

[34] 邱君芳. 高校学术研究论著丛刊 艺术体育 互联网视域下体育教学体系建设［M］. 北京：中国书籍出版社，2021.

[35] 桑任强，肖甜甜. 我国休闲体育的价值、问题与对策［J］. 体育风尚，2023（18）.

[36] 苏洋洋. 体育教师在线教学行为的实证分析［J］. 体育科技，2022，43（2）.

[37] 隋东. 试论体育游戏在高校公共体育教学中的应用［J］. 成才之路，2021（25）.

[38] 孙佳. 浅析高校体育课程的分层教学方法［J］. 重庆电子工程职业学院学报，2020（2）.

[39] 陶运三. 安徽省高校体育俱乐部教学改革研究［J］. 长春大学学报，2020（10）.

[40] 王薇. 高校排球运动教学与训练发展研究［M］. 长春：吉林出版集团股份有限公司，2022.

[41] 王彦槐. 微课的特点及在课堂教学中的应用［J］. 甘肃教育，2019（2）.

[42] 吴闽雷. 职业院校体育教学中计算机管理系统应用［J］. 当代体育科技，2020，10（26）.

[43] 吴频波. "阳光体育"背景下高职体育教学管理路径研究［J］. 经济师，2023（6）.

[44] 吴湘军. 中学体育课程资源开发与利用［M］. 成都：西南交通大学出版社，2019.

[45] 肖艳丽，臧科运，薛敏. 我国体育课程价值取向研究［M］. 西安：陕西科学技术出版社，2020.

[46] 徐春建. 定义·要素·平台：微课热潮下的冷思考［J］. 教学月刊小学版（综合），2021（10）.

[47] 杨皓，马钢，王龙海，陈志伟. 大学体育俱乐部教学模式的构建与发展研究［J］. 昭通学院学报，2021（5）.

[48] 杨艳生. 体育教学改革与创新实践研究［M］. 长春：吉林人民出版社，2021.

[49] 应文. 基于慕课理念的高校体育教学改革及实践探索［J］. 科学咨询

（教育科研），2020（6）.

［50］张超. 高校公共体育课程俱乐部模式的选择与实践［J］. 学周刊，2023（6）.

［51］张亚平，杨龙，杜利军. 高校体育教学理念及模式创新研究［M］. 北京：中国商业出版社，2022.

［52］张妍. 浅议体育课教学中伤害事故预防机制建设［J］. 考试周刊，2019（74）.

［53］张自治. 大学体育与健康教程［M］. 西安：陕西人民出版社，2021.

［54］赵一刚. 高校校园体育文化建设与探究［M］. 北京：中国原子能出版社，2022.

［55］赵原. 体育在线课程资源开发研究［J］. 教育现代化，2019（49）.

［56］周宾宇，胡海. 浅谈体育游戏在高校公共体育课程中的应用［J］. 体育风尚，2022（17）.

［57］周长存. 体育课分层教学思考［J］. 青少年体育，2020（9）.

［58］朱江. 高中体育教学中培养学生终身体育意识的策略［J］. 新教育时代电子杂志（教师版），2023（8）.

［59］朱晓菱，倪伟. 体育健康与实践［M］. 上海：上海大学出版社，2021.

［60］朱焱，于文谦. 新时期我国公共体育资源综合配置水平评价指标体系构建［J］. 武汉体育学院学报，2020（3）.